霊能一代　砂澤たまゑの生涯
奇跡のオダイ
内藤憲吾
Kengo Naito
納
奉
二見書房

まえがき

本書は旧著『霊能一代』の砂澤《すなざわ》たまゑの生涯を私の視点から書き直したものである。

『霊能一代』は二十年程前に刊行されたが、内容に不備と誤りが多く、かねてよりできれば書き直したいと思っていた。六年ほど前に一度その機会が訪れたが、諸般の事情で取りやめとなった。原稿は途中まで書いていたが、中断を余儀なくされた。

ところが今年（二〇二四年）に旧著が復刊されるという思いがけないことが起き、その作業をしていると、中断した原稿を思い出し、再び取り組む意欲が湧いてきた。

原稿が完成し、旧著を出していただいた二見書房の方にこの話をすると、幸いなことに出版を引き受けてくださった。こうして二十数年前から取り組んできた仕事が日の目を見ることになった。

砂澤たまゑは二度結婚しており、尾下《おした》、矢部、砂澤と姓が変わった。離婚も二度しており、最後は尾下に戻ったが、二度目の離婚後も砂澤を使い続けた。このような事情から、姓を表記すると紛らわしく混乱が生じやすいため、終生変わらなかった名前を用いて話を進めることにした。なお、晩年に砂澤が過去を振り返って語ったコメントを引用するときは、砂澤を用いて区別した。

関係者は砂澤を先生と呼んでいたが、本稿では敬称は用いなかった。不敬をお詫びする。なお、信者名はすべて仮名とした。

内藤憲吾

奇跡のオダイ　霊能一代　砂澤たまゑの生涯——目次

まえがき……2

第一章　幼き日々

尾下たまゑ誕生……12
転落事故で九死に一生を得る……15
信心深かった父……19
神様との邂逅……22
十八歳で失明し、巫者として生きた祖母……26
最後まで行を実践した祖母……29

第二章　小学生のころ

初めての伏見稲荷大社参拝……32
赤ん坊を背負って小学校に通う……36
透視ができる不思議な少女……39
人の心を読む少女……42
他家に住み込んで働く……46

奉公先の厳しいしつけに耐える……48

第三章 大阪にいたころ

働くことへの旺盛な好奇心と意欲……52
大阪に出る……55
医者の家で子守りと看護婦見習いの日々……58
医者の家を出て、外で働きはじめる……60
楽しかった青春時代……63
念願だったミシンを踏む仕事をする……65

第四章 オダイになる

伏見稲荷から御神璽を受ける……69
真言宗の行者になりそこねる……71
御神璽を受けたことで起きた思いがけない異変……74
巫病に悩まされる……77
激しい行によって得た能力……81
結婚を望んだ男性の出征……85
父・菊松、この世を去る……87
意識を失い、不思議な光景に出会う……88

生まれ変わりによって受け継がれる能力……91

第五章　満州へ

たまゑの身に再び起きた重大な変化……94
海軍第二衣糧廠で働く……97
神様からの突然のお告げ――「満州へ行こう」……99
極寒の満州での新たな生活……103
風船爆弾、「ふ」号兵器の製造に携わる……106
相次ぐ爆発事故……109
満州の悲惨な生活……113
満州での二度目の春……116

第六章　引き揚げ

新京からの脱出……120
外地で聞いた玉音放送……123
釜山港からの脱出……127
遍照寺に身を寄せる……131
郷里へ帰る……135

第七章　戦後の苦難の日々

マラリアに感染する……138
仕事のない日々……141
GHQの宗教改革、そして続々と誕生した新宗教と教祖……144
出口王仁三郎との出会い……146
七夕に届いた訃報……149
ペニシリンを買って、再び無一文に……151
坪原喜三郎との出会い……154

第八章　何をやってもうまくいかない

三度目の自殺を試みる……158
神様への反抗……160
お菓子屋を開く……163
食い詰めて重大な決意をする……165
伏見稲荷での行に打ち込む日々……167
命がけの滝行……170
白い着物の幽霊……174

第九章

オダイ専業になる

「牛の神様」として評判になる……178
無理難題を吹っかけてくるお稲荷さんとケンカ……180
妹の事故死を予見する……182
お堂が完成する……185
オダイとして多忙を極める毎日……187
オダイの仕事をしながら三人の子どもを育てる……190
伏見稲荷と正式につながる……192
扱所の祭りで神様が降りてきた……195
伏見稲荷のお山で起きた不思議な現象の数々……198

第十章

鳥取と福知山の二重生活

神様に指示され、二度目の結婚をする……203
子育ては神様との共同作業……206
若いころからの無理がたたり、大病を患う……210
伏見稲荷に参集殿が新築される……212
作歌を始める……214
たまゑの助言でネギ長者になった男性……216

第十一章　前田の時代

神様とともに下柳町から前田へ移る……218
三丹支部に昇格する……220
さまざまな凶事に見舞われたどん底の時代……223
調停事件で裁判に出る……225
立ち退きを迫られた人を救う……228
最初のお塚を造る……229
御幣のおかげで助かった牛たち……231
お山禁止……234

第十二章　内記稲荷神社に奉仕する

内記稲荷神社へ神様とともに移る……237
またもや病魔に襲われる……240
初めての安住の地……242
子育てからの解放……244
山口扱所での珍事……247
内記稲荷に末社建立……248
信者の独立騒動……252

有名ホテルの経営者を追い返す……254

第十三章　最高位を極める
坪原喜三郎が伏見稲荷の第十三代宮司に就任……257
四番目のお塚を造る……259
豊川稲荷に参る……261
八〇〇人を超える信者……264
仏門に入る運命だった青年……267
土地のバブル崩壊を免れた信者……269
オダイとして頂点に立つ……271

第十四章　ひとりになる
阪神淡路大震災と地下鉄サリン事件……274
六番目のお塚を造る……277
長通寺に観音堂と石碑を建立……278
夫が倒れる……281
大惨事を身代わりとなって防ぐ……283
「9・11」同時多発テロと行の年季明け……286
銅像建立を断り、七番目のお塚を造る……288

第十五章　転居

女子大生にとり憑いた男の霊……292
豊玉さんがやってきた……294
夫の死と引退宣言……296
神様の仕返し……299
難航した後継者探し……301
移転先が決まらない……303

第十六章　最晩年

ついに内記稲荷を離れる……306
八番目のお塚を建立……308
老齢によるトラブルが続出……310
介護施設に入る……312
永遠の訪れ……313

あとがき……316

第一章　幼き日々

尾下たまゑ誕生

ＪＲ山陰本線は京都を起点とし、京都府北部の山間部を通過して、兵庫県との境を越える。県境を越えて二つ目の駅が、和田山駅である。

駅の改札口を出ると、駅の前を国道九号線が南北に走っている。この道を右手に五分ほど歩くと、側道が右に分岐しており、線路の下を潜《くぐ》り抜けて東へ伸びている。

側道を進むと、円山川《まるやまがわ》にかかっている石橋に出る。寺谷橋《てらだにばし》である。橋を渡ると、県道一〇四号線との交差点「寺谷」がある。交差点の北西角に、小さなお地蔵さんが立っている。石のお地蔵さんは高さ約一メートル。誰が供えているのか、いつ訪れても花が飾られている。

お地蔵さんの左右に念仏の刻まれた石碑が立っており、背後には墓石が十基ほどお地蔵さんに寄り添うように置かれている。水子の墓だろうか、それとも無縁仏だろうか。

お地蔵さんの顔は、かつてここに建っていたお堂の住人の顔にどことなく似ている。地蔵は観音、不動とともに日本で庶民に親しまれた三大仏のひとつである。人々を救済し、現世利益を与えると信じられており、絶大な人気を誇っていた。お地蔵さんはかつてここのお堂に住していた主を記念するにふさわしい仏様である。

県道一〇四号線は、昭和三十四年（一九五九）十月に開通した。県道が開通するまで、地蔵の立っている場所には小さなお堂が建っていた。その北側には木造の平屋があった。現在は和田山農産の社屋になっている。昭和三十四年まで、この小さな家に尾下という一家が住んでいた。

尾下家は、大正十三年（一九二四）ごろに、四キロほど北にある宮田という集落からここに移転してきた。旧住所は養父《やぶ》郡大蔵村宮田四六一番地、新住所は同寺谷一一五番地だった。一家は父・菊松、母・むな、長女・たまゑ、長男・長次郎の四人家族で、長女は二歳、長男は一歳だった。移転後に次男が生まれた。次男・辰五郎は大正十五年（一九二六）十二月十日に一歳で死亡した。

この一家は、戸籍に父親の名前が記載されていなかった。家長は母親のむなになっていた。夫婦は婚姻届を出していなかった。当時この夫婦は婚姻届が出せなかったのである。

かつてお堂があった場所にあるお地蔵さん

この件について、砂澤は、後年、当時は長男と家を継ぐべき長女の結婚は法律上許されていなかったので、両親は婚姻届けが出せなかった、両親はそれを承知で結婚したと言った。

母親のむなは、祖母・尾下その の養女でひとり娘だったため、尾下家を継ぐ立場にあった。父・菊松は大阪の出身で、長男だったので、やはり生家を継ぐべき身分だったが、家業を嫌い、家を出て別の職業についていた。

新民法しか知らない戦後生まれの者には理解しがたいが、旧民法では、婚姻について、長男・長女の場合、法定推定家督相続人は他家に入ることができないとして、法律上婚姻届が認められていなかったのである。

しかし、当時、この法律上の規定を無視した結婚はかなり行なわれていた。さらに庶民には婚姻届の必要性自体が認識されていなかったので、長男・長女の事実婚は多かった。

父・菊松の名前は、在世中、戸籍の片隅に「菊松」と記載されていただけで、死亡後は消されてしまった。事情を知らぬ者には、菊松が父親であることは戸籍を見てもまったくわからない。しかし菊松は合意のうえで、尾下家に養子として入ったのである。

この夫婦について、もうひとつ奇異に感じたことがある。私は夫婦の名前を尾下家の墓石によって初めて知ったのだが、墓石に刻まれた父親の死亡年から推定すると、父・菊松が結婚したのは四十四歳のときだった。この時、母・むなは二十歳だった。これは二倍以上年の差がある結婚である。父親がこの時まで一度も結婚しなかったのかは不明である。

長女たまゑは、このように年齢に開きのある父母のもとで、大正十一年（一九二二）一月一日に誕生した。戸籍上の届けは三日になっているが、これは元日の出生は強すぎるので忌避した結果である。元旦の前日は全国的に雪模様で、たまゑが生まれたときは辺り一面銀世界だったろう。

砂澤は後年、「すべて一のつく日に生まれたので、なんでも一番にならないと気がすまないのです」と言った。その言葉が示すように、たまゑは勝気な性格で、自分の道において一番になってしまった。

転落事故で九死に一生を得る

たまゑが生まれた翌年、大正十二年（一九二三）九月一日に関東大震災が起き、東京を中心に大きな被害が出た。世の中は騒然となり、これを機に日本は不況色が深まっていった。

当時ラジオはまだなく、新聞を取っている家は田舎ではほとんどなかったが、地震の起きたことは風評で北兵庫にも伝わったことだろう。日本でラジオ放送が始まったのは、大正十四年(一九二五)のことだった。ラジオは当初一台五〇円もした。今だと二十五万円ぐらいに相当する。庶民に手が出る代物ではなかった。

関東大震災ほど知られていないが、翌々年の大正十四年五月二十三日、北兵庫でも大地震が起きた。城崎《きのさき》温泉は全滅し、死者行方不明者四二八人を数えた。尾下家もかなり揺れただろう。

同年、たまゑは転落事故を起こし、九死に一生を得た。三歳だった。この事故が起きたのは、寺谷の自宅前の庭だった。たまゑは生涯に何度も死にかけては助かるということを繰り返しているが、これはその最初の事故だった。

ある日、たまゑは自宅の前の庭で、床几《しょうぎ》にちょこんと座ってひとりで遊んでいた。大正十二年に弟の長男・長次郎が生まれたので、母親はたまゑにかまっていられなくなり、子守のおばさんをつけていた。子守をつけるぐらいだから、この頃、尾下家は比較的経済的な余裕があったのだろう。

子守のおばさんは、床几に座布団を敷いてたまゑを座らせていた。床几は腰をかけて座るのに便利な木製の幅広の低い台で、農作業などさまざまな用途に使用されていた。

たまゑは座布団を敷かないと座らないという奇妙な習癖があった。それで子守のおばさんはわざわざ座布団を敷いて座らせていたのである。

もし前世というものがあるのなら、前世の習癖が後世で無意識のうちに現れると言われているから、たまゑは前世で座布団を敷いて長時間座る生活をしていたのかもしれない。いずれにしても、たまゑは成人後、長時間座布団の上に正座する仕事をすることになるので、その予行演習をしていたのかもしれない。

その日、おばさんがちょっと目を離した隙に、たまゑは何かの拍子にストンと床几から落ちてしまった。その瞬間、頭を強打したが、少し泣いただけで痛がりはしなかった。そのために周囲の者は気にしなかった。

ところが、しばらくして、打った箇所が腫れ始め、激しい痛みを伴って高熱が出た。驚いた両親は、慌ててたまゑを近所のかかりつけの医者に連れていった。診察を受けると、額の下がひどく内出血しており、医者は「危険な状態だ」と言った。両親は動転した。

この症状が危険だったのは、傷が化膿する恐れがあったからだ。当時、抗生物質がまだなかったため、傷口が化膿すると、細菌が全身に回り、抵抗力の弱い者は死ぬことがあった。戦場の頑健な兵士なども、負傷して傷が化膿し、死ぬケースが多かった。ましてやまだ体ができていない抵抗力の弱い三歳児は、その可能性が高かったのである。

医者は、「一か八か手術をして血を出さなければいけない」と言った。村の病院だったので、医療設備も貧弱だったし、手術の道具なども最新のものではなかっただろう。メスで切開して、傷口を消毒し、縫合しただけだったにちがいない。

額の下を切開すると、血膿が大量に出たという。砂澤は後年、「血を出すために逆さにぶら下げられた」と言っているが、これはオーバーな表現で、いくら田舎の藪《やぶ》医者でも、そんなことはしなかっただろう。また、「輸血と言ってもすぐに血が用意できたわけではなかった」と言っているが、これも変である。当時、輸血はまだ行なわれていなかったし、血液型も知られていなかったからだ。

たまゑは小学校に入ると、定期健診のたびに、校医からこの話を繰り返し聞かされた。この校医こそ、たまゑを手術した村の医者だったのである。医者は田路《とうじ》といい、国鉄養父《やぶ》駅の近くの高田という集落で開業していた。

田路はたまゑを見るたびに、「君は一度死んだのだから生きているのが不思議だ」と言った。それはともかく、医者の決断で一か八か決行された野蛮な手術はうまくいき、たまゑはなぜか助かってしまった。周りの者たちは「奇跡だ」と言った。

手術の後遺症として、たまゑの額には縫合した傷跡が三つ残ってしまった。男だと眉間は切れないが、女だからあえて切ったのだという。

このエピソードは単なる事故とみなすこともできるだろうが、私にはそれ以上の意味があったと思われてならない。私はこの大けがによって、たまゑに霊能力が目覚めたと考えているからだ。

霊能力は、一般の人には見えない人体の気の出入り口であるチャクラと関係がある。人体のチャクラのある箇所が大きな刺激を受けると、霊能力が発現することがある。例えば尾てい骨を強打すると、霊視ができるようになることがある。

額にはアジナというチャクラがある。このチャクラが目覚めると、内なる神、外なる神と交流することが可能で、超意識が目覚め、テレパシーや透視などの超能力が発動し、病気直しができるようになると言われている。

行《ぎょう》によって霊能力を開発する場合、ヨガの指導者は最初にこのアジナのチャクラを開くことを薦める。たまゑはこの行を事故という形で、無意識のうちに行なってしまった可能性がある。たまゑの人生を辿ってみると、霊能者になるために神様がその道を用意していたのではなかろうかと感じることがある。この事故はその最初のものだったのではなかろうか。

信心深かった父

尾下たまゑは父が四〇代半ばでできた初めての子どもだった。年を取ってからできた子どもは可愛いというが、たまゑは父・菊松に可愛がられて育った。たまゑはお父さん子だったようだ。

たまゑが幼かったころ、菊松はまだ仕事があり、羽振りはよかったようで、町で芸者を揚げて遊ぶこともあった。和田山町は田舎町だったが、芸者がいたのである。菊松はたまゑを連れて遊びにいくこともあった。だが、菊松は根っからの遊び人ではなく、真面目で、厳格で信心深かった。たまゑは神信心《かみしんじん》において、父親の影響をかなり受けている。

父・菊松は寺の鐘を造る鋳物師《いものし》だった。実家は大阪の堂島で相場師をしていたが、菊松はこの家業を嫌い、家を出て鋳物師になった。

寺の鐘を造る鋳物師は、寺の境内もしくは近辺に作業場を置き、川原から鉄を含んだ石を集めて鉄を抽出し、鋳造していく。火を使うため作業は過酷で、重労働である。鋳物師は職業柄、仕事を受けると現場を渡り歩く。彼らは古代から漂泊の民だった。菊松も若いころは各地を転々とする流浪の生活を送ったのではなかろうか。

砂澤は、母が和田山にお嫁に来たと言ったので、菊松は当時、大蔵村宮田に住んでおり、周辺の寺の鐘を造っていたようだ。後年、太平洋戦争が始まってから、鍋釜貴金属の供出が強制的に行なわれたとき、近所の寺から鐘が出され、その鐘に菊松の名前が記入されていたのをたまゑは目撃しているので、このことからもそれは明らかである。

菊松はお稲荷さんを信仰していた。昔から鋳物師はお稲荷さんを信仰しており、京都の伏見稲荷には稲荷山に御劔《みつるぎ》社が祀《まつ》られている。ここは金属の神様を祀っており、鋳物師や製鉄業者などに信仰されてきた。菊松も例外ではなかったと思われる。

父はたまゑが物心ついたころから、月を拝み、星を拝むことをたまゑに教えた。悲しいときも、苦しいときも、自然を崇拝し、神様として手を合わせて感謝することを教えた。

このような自然崇拝は、戦前の日本人が自然と身につけていたものである。朝起きるとお天道様に手を合わせ、家の神棚に手を合わせることは、多くの日本人が行なっていたことだった。

父の信仰心と自然崇拝は、たまゑの心に、「空も草も雲も生き物もすべて神様がおつくりになったものだ」という、素朴な信仰心を育んだ。

父・菊松は厳格だったが、人には親切で、よく人助けをしていた。当時、橋の下には浮浪者がいたが、菊松は暮れや正月などに、これらの人たちを家に呼んで、食事などを振る舞っていた。このことでも尾下家が当時、経済的に余裕があったことがうかがえる。

菊松は謡のたしなみもあったというから、多少は教養も兼ね備えていたようだ。近所の農家の人たちとはいく分毛色を異にしていた。

母・むなは、結婚する前は、北兵庫の豊岡市に住んでいたと思われる。むなの養母、つまりたまゑの義理の祖母は、晩年豊岡の親戚に身を寄せていたからだ。むなは十代で唯一の身寄りを亡くし、豊岡の親戚とは血のつながりがなかったので、途方に暮れたことだろう。

祖母は隠居する前は鳥取でお稲荷さんとお不動様を祀っており、教会を開いていた。むなは養母の仕事を受け継いでその道に進む義務があったのだが、なぜか養母の跡を継ぐことはしなかった。

だが、むなは稲荷の教会の娘だったから、お稲荷さんを信仰していた。菊松とむなにはお稲荷さんの信仰という共通点があった。むなはたまゑに祖母とお稲荷さんのことをよく語った。このような父と母の信仰心が、たまゑの生涯に大きな影響を与えたのだろう。

神様との邂逅

大正十五年十二月二〇日、尾下家では三男の秀敏が生まれた。その五日後、十二月二十五日に大正天皇が四十八歳で崩御された。新しい天皇は皇太子裕仁《ひろひと》が践祚《せんそ》された。元号は昭和と決まり、激動の時代が幕を開けた。

二十六日以後、日本中は喪に服し、昭和元年（一九二五）はわずか七日で終わった。翌昭和二年（一九二六）の正月は自粛ムードで、正月の賑わいはなく、世の中は火の消えたような雰囲気が漂っていた。たまゑは五歳になった。

昭和二年三月七日、大正十四年五月に続いて、北兵庫はまたもや大地震に見舞われた。北丹後を中心にマグニチュード七・五の揺れが発生したのである。地震の影響は関西全域に及び、大阪市でも多大な被害が出た。全体の被害は、死者二九二五人、全壊家屋一万二五八四件にのぼった。北兵庫は大正十四年に続いて、二年間で二度の大地震を経験したのである。尾下家も揺れただろうが、どの程度の被害が出たかは不明である。

同年三月十五日、金融恐慌が始まった。蔵相の不用意な発言をきっかけに多くの銀行が休業し、預金を引き出そうとする人たちが殺到してパニックになった。日本は不況に突入した。さらに四月一日、兵役法が交付され、国家総動員体制への道が敷かれた。ついで五月二十八日、山東出兵の声明が出され、中国へ関東軍の出兵が命じられた。こうして不況と戦時色が一段と色濃くなった。

世の中は暗い雰囲気に包まれていったが、たまゑは元気に遊び回っていた。三男が生まれたこともあって、たまゑは小さいころから子守をさせられていた。当時、日本の家族は子だくさんが普通で、上の子ども、特に女の子は、下の子どもの子守をするのが当たり前だった。

母親は下の子の子育てに忙しかったので、たまゑはほったらかしにされていた。たまゑは変わった子どもだった。ひとりで神社やお堂で遊ぶのが好きだった。親に叱られると、観音様をお祀りしてあるお堂のある近所の山に行くか、神社で寝ていた。

その頃、たまゑは神社やお堂で不思議な体験をした。たまゑが神社で遊んでいると、境内に祀られているお稲荷さんの祠の前にいたとき、中からカタコトと音がすることがあった。たまゑはまた神様が来られたと思った。すると予想どおり、中から神様の声が聞こえてくるのだった。

神様はたまゑに「紙を持ってきなさい」と言われた。たまゑが「何をするのですか」と尋ねると、神様は「紙を四つに折って紙垂《しで》を作りなさい」と言って、紙垂の作り方を教えてくれた。神様はひととおり教え終わると、「これで今日の勉強はおしまい」と言って、帰っていかれた。たまゑは最初のころは怖くて仕方がなかったが、慣れてしまうと不思議なだけで、神様は便利なものだと思った。

神様は来られると、ポンと肩を叩かれることもあった。それを感じたたまゑが振り返ると、神様は姿も形も見えなかった。たまゑはどこから来られたのかと思い、祠を叩いてみるのだが、何も返事は返ってこなかった。

これがたまゑの神様初体験である。何やら民話のような素朴な話であるが、さまざまな意味で興味深い。子どものほうが神様を感じやすく、神様がかかりやすいのである。

たまゑは神様の声が聞こえたので、幼いころから霊聴の能力があったことになる。また肩を叩かれてそれを感じているので、見えないものに触られたことを感じる霊触とでもいうべき能力もあったことになる。

この神社は尾下家の近くにあった東谷《ひがしだに》という集落の北のはずれにある寺谷神社ではなかろうか。ここがたまゑの家から一番近いところにある神社だった。

たまゑの自宅のそばにかかっている寺谷橋から、まっすぐ東に小道が伸びていた。その突き当りの山すそに南北に沿って細長い集落が伸びている。ここが東谷である。今も周辺は水田が広がっている。

この村の北端に小さな古社がある。寺谷神社である。式内社と書かれているから、古代から続く由緒ある神社なのだろう。しかし今は手入れが行き届かず、放置された感がある。石段を上ると左手に祠があり、右手にお堂とも物置ともつかぬ建物がある。ここなら子どもが遊んでいても誰も気がつかなかっただろう。

東谷の南に小さな山がある。かつては観音山と呼ばれていた。たまゑが子どものころは小さな観音堂があった。正月の十日にお祭りがあり、餅撒きが行なわれていた。

ある日、たまゑは観音堂で遊んでいて眠ってしまったことがあった。目が覚めると日が暮れていた。それでまた眠ってしまった。普通の子どもなら怖がるのだろうが、たまゑは平気だった。

夜になって、家族の者たちが、たまゑがいないことに気がついた。大騒ぎになり、父や近所の人たちが松明を持って探し回ったが、見つからなかった。まだ懐中電灯などなかった時代である。

しばらく経って、たまゑが観音山のお堂でよく遊んでいたことを思い出した人がいた。そこかもしれないと大人たちが探しに行くと、たまゑがお堂ですやすやと眠っているのが発見された。

当時は子どもがいなくなるということがよくあった。神隠しに遭ったといって村中が大騒ぎになった。たまゑの場合もこの一例だった。

十八歳で失明し、巫者として生きた祖母

昭和二年八月、ラジオ放送が始まった。年末には東京で地下鉄が開通した。

昭和三年（一九二八）、尾下家では四月一〇日に次女のたつ子が誕生した。五〇代半ばに達しても父・菊松は次々と子どもを授かっていたのである。たまゑは六歳になっていた。

五月三日、中国の済南で、日本軍と中国軍が激突する事件が起こった。済南事件である。ついで六月四日、「満州某大事件」が起きた。関東軍による張作霖《ちょうさくりん》爆殺である。この事件の真相は国民にはっきりと伝えられなかったが、日本の対外強硬政策がさらに推し進められる契機と

なった。

東京などの大都市ではデパートが誕生し、銀座をモボ・モガが闊歩していたが、農村は疲弊し、日本は不況色がさらに強まっていった。

砂澤の生涯は、父母以上に祖母の存在が大きな影響を与えたようだ。たまゑが生まれたとき、血のつながりがない祖母はすでにこの世にはいなかった。しかし、幼いころから、たまゑは母からよく祖母の話を聞かされていた。

現在の岡益の遠景

祖母・尾下そのは、十八歳で失明し、お稲荷さんとお不動さんを信仰しながら行を積み、鳥取の岩美郡宇信野村字岡益一八五（現・鳥取市国府町岡益一八五）で大きな教会を開き、多くの信者を集めていた。岡益は鳥取駅から歩いて一時間四〇分ほどの東南に位置している。

当時、女性は分家を許されなかったが、祖母は民間巫者《ふしゃ》としての功績が認められて、実母がつくことを条件に分家を特別に許された。祖母は一生独身だった。

母・むなは、明治四十二年（一九〇九）三月一日に尾下その養女になった。むなは当時七歳だった。むなは生後三日目に実母と死別していた。そのは、むなをゆくゆくは跡継ぎにと考えていたのだろう。

祖母は霊能力の持ち主で、目は見えなかったがさまざまなものが見えた。霊視ができたのである。その一例として、たまゑは母から次のような話を聞かされた。

ある日、祖母は所用ができて外出することになった。留守番をむなに言いつけ、「今日は黄色い柄の紫の着物を着た三〇か四〇歳ぐらいの女の人が、腹痛の男の子を連れて私を訪ねてくるから、このように言っておくれ」と言って、薬の内容を指示した。

祖母が出かけると間もなく、まったく同じ柄の着物を着た女の人が、腹痛の男の子を連れて祖母を訪ねてきた。むなは祖母の指示をそのまま女性に伝えた。二人は感謝して帰っていった。むなは子ども心に、目が見えないのに人の見えないものが見える養母が不思議でならなかった。

このエピソードは、養母そのに遠隔透視の能力があり、遠くからやってくる親子の姿が見えたことと、やってくる人の心（用件）がわかる力（テレパシー）があったことを示している。祖母の指示は、腹痛を直す薬の処方箋だったと思われる。祖母は病気直しの力もあったのだ。

もうひとつ例を挙げる。むなが外で遊んでいて、友だちと小祠《しょうし》に供えてあったお賽銭をくすねたことがあった。家に帰ると、むなが何も言わないのに、すぐに養母はむなに「お賽銭を盗んだね」と言った。そして、「神様のものは盗ってはいけない」と戒めた。これは過去知という霊能力である。

むなはこういった話をたまゑに聞かせながら、「お稲荷さんやお不動さんは何でもよくご存知だ。怖いぐらいだ」とよく言った。

最後まで行を実践した祖母

祖母の教会には、ときどき白衣を着た立派な僧が訪ねてきた。同じ岡益にある長通寺《ちょうつうじ》というお寺の住職だった。長通寺は祖母の教会と田畑を挟んで東側にあった。

住職はむなを見かけると、白い着物の袖から金平糖を取り出し、むなにくれた。そして祖母のことを誉め、「信心深いいいおばあさんだね。義理にしても誰か跡を継ぐようになるよ」と言った。

この言葉はむなの身には実現しなかったが、予言のごとくたまゑの身に降りかかることになった。

祖母は養女はとったものの、結果的に養女が跡を継ぐことはなかった。養女・むなには霊能者としての資質がなかったか、しかるべき行をしなかったのだろう。

そのために、祖母は晩年、教会を閉じて家や土地を処分し、北兵庫の豊岡市の親戚のところに身を寄せた。親戚は市内で派手に商売をしていた。祖母は豊岡で、五〇銭銀貨をたくさん入れた大きな袋を頭にのせて、銭湯に行っていた。当時、入浴料は都会で三銭だったから、湯に入るには不相応な大金を持っていたことになる。

祖母は大正七年（一九一八）二月二十四日に亡くなった。この時、むなは十七歳だった。祖母が亡くなったのは行をしていたお滝場だった。祖母は最後まで行をしていたのである。お滝場で祖母が倒れているのを、近くに演習にきた兵隊が発見した。そばに「神様がお迎えに来られたので逝きます」と書かれた紙片が置かれていた。祖母は盲人だったから字は書けなかった。これは念写だろう。

祖母が死んだとき、頭にのせていた五〇銭銀貨がたくさん入った袋がそっくりなくなっていた。このお金は誰が盗ったのかのちのちまでわからなかった。また教会を処分したときに入手した何百円ものお金もなくなっていた。このお金を盗んだ人として兄などが疑われたが、結局、養女・むなの実家の兄が借りていて返していなかったことが明らかになった。

むなの実家は漁師をしていた。祖母から借金をして船を造り、その船で漁に出て稼いで借金を返すつもりでいたが、不幸なことに、能登半島の方へ漁に出かけたとき、嵐に遭って船が沈んでしまった。そのうえ船に乗っていた兄も死んでしまった。そのために返済不能になっていたのだが、このことは巡り巡って後年たまゑの身にふりかかってくることになる。

祖母の墓は長通寺にあり、永代供養されている。不思議な巡りあわせだが、たまゑも死後この寺で祀られることになる。

祖母と異なり、母・むながどのような人柄だったのか、砂澤は詳しくは語らなかった。しかし激しい気性の持ち主だったようだ。砂澤は後年、歌でそのことを述べている。

たまゑは幼いころから霊能力があった。霊能者を義理の母に持った母・むなは、たまゑの能力がどのようなものか、はっきりと理解していた。母は早くからその能力を認め、「この子は神様に取られてしまった」と言っていた。母は自分が教会を継ぐべき立場にあったのに継ぐことができなかったので、その役割が自分を飛び越えて子どもに振られたのだと思っていた。

その自覚があったからか、母はたまゑに厳しく当たった。時には水の中に投げ込んだという。そして、「神さんの子だったら、こうしても死なないはずだ」と言った。このようなことをされても、たまゑは平気だった。気の強さでは母親に負けなかったからだ。そして母親の言葉どおり、後年、何があっても死ななかった。

第二章　小学生のころ

初めての伏見稲荷大社参拝

昭和四年、たまゑは七歳になった。この年、二月初午の日に、たまゑは父・菊松に連れられて、初めて京都の伏見稲荷大社に参った。

昭和四年（一九二九）の初午は二月七日だった。当時は最寄駅の和田山から京都まで、一日に三本しか列車の運行がなかった。京都までは約三時間かかった。まだ急行も特急も走っていなかった。

京都駅からは路面電車（市電）が南側の竹田街道を走っていたので、伏見稲荷に参拝するためにはこの電車を利用したのかもしれない。この路線は稲荷線と呼ばれており、勧進橋《かんじんばし》の先で分岐し、稲荷の前まで通じていた。

当時の初午祭は今と比べものにならないほど参拝客が多く、人々は昼夜引きも切らず訪れて混雑を極めた。伏見稲荷のそばを走る京阪電車は終夜運転していた。まさに今日の大晦日並みである。境内は露店が櫛比《しっぴ》し、押すな押すなの人の波だった。

北兵庫の田舎で育った少女にとって、京都は初めて見る大都会だった。初午祭の賑わいはたまゑを驚かせ、幼い心に強烈な印象を残したことだろう。

本殿の背後の低い山は稲荷山である。お山と呼ばれている。お山もまた押すな押すなの混雑だった。父親は鋳物師だったので、本来なら山頂直下の御劔社に参るのだろうが、幼い子どもを連れていたので、そこまで登るのは無理だっただろう。御劔社は金属関係の業者が祀っている神蹟である。

当日は天気がよく暖かだった。境内は福飾りを担いだ祇園など花街の芸伎たちが華やかな色どりを添えていた。

父娘が日帰りしたのか一泊したのかはわからない。日帰りしたとすれば、午後九時三十分の列車に乗ると、和田山駅に着くのが午前一時前になるので、日帰りは無理だっただろう。

一泊したとすれば、一の鳥居の両脇にあった宿屋を利用したかもしれない。当時、両脇に、玉屋と鍵屋という料亭兼旅館があった。ここは遠来の参詣客が宿泊所として利用していた。鍵屋は早く廃業したが、玉屋は最近まで残っていた。跡地は伏見稲荷大社が買い取り、今は駐車場になっている。

この年の四月、たまゑは小学校に入学した。学校は大蔵尋常小学校だった。学校はたまゑが生まれたとき家族が住んでいた宮田にあった。木造二階建て一棟の校舎だった。たまゑの家から小学校まで、筆者の足で約三〇分かかったので、小学生なら四十五分ぐらいはかかっただろう。

当時、入学式に親が出席することはなかった。戦後は母親が子どもの手を引いて入学式の日に学校に行くのが当たり前の光景になったが、戦前はこのような光景は見られなかった。参観日も親が学校に行くことはなかった。

当時、日本は天皇を中心とする国家主義体制で、教育は皇国史観に基づく教育勅語が基本原理だった。学校では、朝礼や終礼をはじめあらゆる機会に、子どもたちに教育勅語が奉読され、子どもたちはその条文と精神を徹底的に叩き込まれた。当時、小学生だった人たちは、教育勅語が暗唱できた。

天皇は絶対的存在で、校庭には天皇陛下と皇后陛下の御真影を奉安する建物が造られていた。奉安殿《ほうあんでん》である。家庭でも天皇皇后両陛下の写真を飾る家が多かった。子どもたちは登下校のときにこの前で足を止め、正面を向いて不動の姿勢を取り、最敬礼して通り過ぎた。また東京の皇居のある方角に向かって敬礼することも強要された。

当時の教育は幼いたまゑの頭にも染み込んだ。砂澤は晩年でも、天皇のことを「天皇陛下様」と呼んでいた。伏見稲荷大社は皇室と関係が深く、大きな祭りには皇室の奉幣があり、付属の建物には菊の御紋がついていると誇らしげに言った。

晩年になっても、砂澤はときどき伏見稲荷を「官幣大社《かんぺいたいしゃ》」と言った。最初意味がわからなかったが、伏見稲荷は戦前は官幣大社だったのである。このように、戦後になっても、砂澤の頭の中には、戦前の体制と序列が根強く残っていた。

昭和四年は経済恐慌が激しさを増した。七月に新しく発足した浜口雄幸《はまぐちおさち》内閣が金解禁の断行の声明を出し、十一月にニューヨークの株式が大暴落した。世界恐慌の始まりだった。浜口内閣は翌年一月実施に向けて金解禁の準備を進めていたが、世界恐慌のあおりを受けて日本経済は大きな打撃を受けた。

企業が人員整理をはじめ、大量の失業者が出た。農業物価指数の下落によって、農村も不況となり、疲弊した。都市では労働争議、農村では小作争議が増加した。大正末期から始まった不況はさらに深刻化した。

赤ん坊を背負って小学校に通う

小学校に通い始めたたまゑは、赤ん坊を背負って学校に通った。赤ん坊はたまゑの乳姉妹だった。この子は両親が離婚して母親が実家に帰っていたので、父親が乳の出のよかったたまゑの母に乳をもらいに来ていた。まだミルクなどなかったころなので、母乳が必要だったのである。たまゑはその子を見ていて可哀そうになり、その子の面倒を見てあげることにし、学校まで背負っていった。学校側もそれを大目に見ていた。まるで「おしん」である。

当時、子どもたちは、大きくなると下の子どもの守りをするのが普通だった。今とは違い、次々と弟や妹が生まれたからだ。たまゑは弟や妹の子守もしていた。

たまゑは学校で赤ん坊を背負ったまま、廊下に立って勉強した。教室の中にいると、赤ん坊がぐずったり泣き出したりすることがあるので、他の子どもの迷惑になったからだ。廊下にいても、聞こえないはずの先生の声がよく聞こえるので、勉強するのは困らなかった。たまゑは異常に聴覚が鋭かった。

当時の教科書は第三期国定教科書で、俗に「ハナハト本」と呼ばれていた。教科書を買う子どもはまれで、たいてい兄姉のお下がりだった。教科書は神聖なもので、汚すとこっぴどく叱られた。

校舎は木造だった。夏は下の床から風が入ってきて涼しく、冬は寒風が吹き込んできて寒かった。隣の教室の声が聞こえてきた。今日では降雪量は少なくなったが、昭和前期、北兵庫では雪がよく降り、足が膝まで埋もれてしまうぐらい積もることがよくあった。

たまゑは冬も赤ん坊を背負って小学校に通った。腰近くまで積もった雪を、両手に持った藁束で押し付けて固めながら、道を作って歩いた。学校に着くまで、無雪期よりも長い時間がかかった。幼い体は汗まみれになった。当時は藁靴《わらぐつ》だった。

私はたまゑの歩いた道を歩いてみた。この道は旧山陰道で、古代は鳥取へ抜ける幹線道路だった。しかし今は左右に平行して大きな広い道路が造られているため、車も人もほとんど通ることがない寂れた道になっている。

大人でも三〇分はかかるこの長い道のりを、小さな子どもが赤ん坊を背負いながら雪をかき分けて歩き続けている姿を思い浮かべると、その健気さと忍耐力に感心した。

子どもたちの服装は洋服と和服が混在していたが、女の子は和服が多かった。教室内では男女は席が別で、中央には男子が座っていた。男尊女卑が歴然としていた。

遊びも男女別々だった。男の子の遊びは体を使った荒っぽいものが多かった。戦争ごっこ、チャンバラ、鬼ごっこ、かくれんぼ、石けり、胴馬《どうま》などだった。女の子は縄跳びやままごとなどをして遊んだ。

男の子は女の子をいじめることがよくあった。たまゑは気の強い子で、他の女の子がいじめられると、仕返しに行った。食ってかかって相手が謝るまで逆にいじめたというから、どちらが男かわからなかった。

当時の子どもたちは、校庭でよく走り回って遊んだ。学校は勉強をしに行くというより、友達と遊ぶために行くところだった。

子どもたちは、学校から帰ると、よく家の仕事を手伝った。休日や夏休みも同様だった。ほとんどが農家の子どもだったから、帰宅すると、子守をはじめ、農作業や家の仕事などを手伝うのが普通だった。仕事はいくらでもあった。

たまゑの家は農家ではなかったので、子守ぐらいしかすることがなく、学校から帰ると、他の家の仕事を手伝いに行った。水汲みをし、風呂を焚き、牛の餌を作るのを手伝った。牛の餌は大きな釜で雑穀などを煮て作った。風呂焚きは重労働だった。バケツで水を汲んできて、風呂桶をいっぱいにし、薪を燃やした。

夏休みなどの長い休みの間も、家の仕事はいくらでもあった。子どもたちは朝早くから家の仕事をしながら、合間に外で遊び回った。蝉とりやトンボとりなどの他に、川で泳いだ。たまゑの実家のそばを流れていた円山川は、今とは違い、水量が豊富で、深くてきれいな川だった。山や川で遊ぶのが田舎の子どもたちの生活だった。夜は疲労困憊しており、蚊帳の中でぐっすり眠った。

山は青く、空気は澄んでおり、まさに唱歌「ふるさと」の世界だった。

透視ができる不思議な少女

昭和五年（一九三〇）、たまゑは八歳になり、四月から二年生になった。

昭和四年のニューヨーク株式の暴落に始まる世界恐慌は、日本の不況を加速させた。人々の口癖は「不景気」だった。

昭和五年一月十一日、浜口内閣は金解禁を断行し、超緊縮財政を掲げたため、日本でも株価が暴落した。日本では「倹約」が一段と叫ばれるようになった。学校でも倹約が毎日のように朝礼などで説かれた。子どもたちの頭にもこの言葉は染み込んでいた。

たまゑの父は鋳物師で、寺の鐘などを造っていたが、この頃から仕事が少なくなったのではなかろうか。不況下で鐘など造る寺はなかったからだ。檀家からの寄付も少なかっただろうし、贅沢は目の敵にされていた。このような時世に鐘を造ろうとすれば、周りから白い目で見られたことだろう。

尾下家にも不況の風は吹き、収入は激減したにちがいない。だが子どもは次々に生まれ、食い扶持は増える一方だった。農家でなかった尾下家は、食べるものにも困るようになったかもしれない。

一家は困窮したが、たまゑは元気に遊び回り、家の手伝いも他家の手伝いもよくしていた。他家の病人の世話までした。

尾下家の近所の農家に肺病で寝ている女の子がいた。女の子は納屋の二階に隔離されていた。肺病とは結核のことで、当時「死病」と言われ、国民病だった。女子の死亡の大半は結核が原因だった。この病の有効な治療法はなく、栄養を取って休養するしかないと言われていた。しかし、どの家も貧しかったので、十分な栄養は取ることができなかった。

肺病は感染すると言われていた。そのために病人は別の建物に隔離されるか、別室に寝かされて通気をよくし、放置されていた。病人は役に立たないので、放っておかれたのだ。肺病は暗い時代を象徴する病だった。

たまゑは梯子を上って、二階に寝ている女の子に食事を運んでやった。誰かに頼まれたわけではなく、自発的にそうしていたのである。たまゑは後年、病気を治したり病人を介護したりして人助けをするようになるが、これはその萌芽だろう。

女の子は幸いにも病が癒えた。彼女は後年、成人して結婚したが、結婚してからもたまゑとの交流は続いた。

結核が死病でなくなったのは、戦後に抗生物質のペニシリンが普及してからだった。

たまゑは幼少期に他の子どもとは異なる不思議な能力を見せた。たまゑは他の人には見えないものが見えた。例えば財布の中身がわかるのだった。

ある時、たまゑは見かけた近所の人に、「おっちゃん、二〇銭持って出て、七銭でタバコ買ったから、財布には十三銭しか入ってないやろ」と言った。声をかけられた大人はびっくりして、「おかしなことを言う子やな、そんなことお前にわかるわけがないやろ」と馬鹿にしながら、念のために財布のお金を数えてみると、たまゑが言った金額とぴったり合った。おっちゃんは「なんでそんなことがわかるんや。けったいな子やな」と不思議がった。

これは霊能力で透視と呼ばれている能力である。物に遮られて肉眼では見えない物が見えるのである。砂澤は後年、「お金の姿が浮かんでくる」と言った。

たまゑはさらにおっちゃんに、あることでお金を使ってしまったのでそれだけしかないのでしょと言って、おっちゃんがお金を減らした原因を言い当てた。おっちゃんは「なんでそんなことを知っているんや」と、二度びっくりした。これは霊能力では、過去のことがわかる過去知という能力である。

たまゑはまた雌牛の体内の子牛の性別も当てることができた。この能力のおかげで、近所の農家から謝礼が来たことが何度もあった。この能力はのちに大いに発揮されることになる。これは胎内透視と呼ばれている。

たまゑは最初、このような能力は他の子どもも持っていると思っていたが、周囲の人たちが不思議がるので、自分にしかない能力だと気づくようになった。たまゑは、自分は他の子どもとどこか違うと思うようになった。

人の心を読む少女

昭和六年（一九三一）、たまゑは九歳になった。四月から三年生に進級した。

日本は不況の嵐が吹き荒れていた。人々は「不景気」が口癖だった。この年、失業者は二五〇万人を超えた。大学を出ても就職口がなかった。「大学は出たけれど」という言葉が流行語になった。日本は不況のどん底にあった。

農村の小作農たちは借金を抱え、生活が苦しかった。米を作っても自分たちは食べられなかった。農家の子どもたちはその実情を知っていたので、農業は魅力がなく、命を失う可能性が高かったにもかかわらず、退職後に恩給が支給される軍人になりたがった。

学校では事あるごとに質素・倹約・勤勉が説かれた。修身などの授業で、その精神を実践した偉人の生涯が教えられた。二宮金次郎はそのひとりで、学校の校庭の片隅には、薪を背負い本を読む二宮金次郎の像が立てられていた。

子どもたちにとって修身の授業は退屈でつまらなかったが、授業では忠君愛国が徹底して説かれた。その教えは子どもたちの軟らかい頭に浸透していった。

この年、三月と十月に軍部でクーデター未遂事件が起きた。これらの事件は公表されなかったが、これを機に軍部ファシズムが強まった。

満州では、九月十八日に、柳条湖《りゅうじょうこ》付近で関東軍が満鉄の線路を爆破する事件が起きた。これを契機に満州事変が始まった。十五年戦争の幕開けである。マスコミは軍国主義に傾斜し、軍国熱をあおり続けるようになった。

当時、小学校では、年に一回、県視役の視察があった。公開研究授業が行なわれ、授業内容がチェックされた。さらに視学官《しがくかん》が生徒を集めて訓話を述べた。

視学官は国の教育監視のお目付け役で、学校人事から教育や授業の内容まで、教育行政のあらゆる点に口を挟んだ。人事から思想まですべてを監視・指導したので、教育現場から煙たがられ恐れられた。

視学官は地方官庁に設置された教育行政機関だった。視学官制度は明治六年に始まったが、昭和三年に道府県の学務部に各一人が配置され、体制が強化された。

たまゑの小学校も例外ではなかった。ある年、視学官が生徒を前にして訓話を垂れたとき、たまゑが視学官の言わんとするところを先取りしてしゃべってしまい、視学官をびっくりさせた。

これはたまゑにテレパシーの能力があったことを示すエピソードである。たまゑには子どものころから人の心を読む力が備わっていた。

昭和六年から七年（一九三二）の冬、東北と北海道は大冷害に見舞われ、娘を売る家が続出した。食糧不足に泣く家も多く、欠食児童が相次いだ。

昭和七年、たまゑは十歳になり、四月から四年生になった。この年の三月一日、満州国が建国された。人々は満州で一旗揚げようと、満州熱が高まった。故郷を捨てて移民する人が増加した。

五月には五・一五事件が起き、政党政治は終焉を迎えた。軍部による政治支配が強化され、六月には特高が再編・拡充されて、思想弾圧がさらに強まった。

同月、斎藤実《さいとうまこと》内閣が発足し、「挙国一致」をスローガンに掲げた。これは国民の三大標語のひとつとなった。戦時色は一段と濃くなった。

当時、小学校には芸人が訪れて、芸を披露することがあった。芸人による学校巡回である。戦後は講堂で映画の上映が行なわれたり、地方の劇団が巡回してきて劇を上演することがあったが、戦前は芸人がやってくることがあった。

たまゑのいた大蔵小学校に、漫才師の砂川捨丸《すながわすてまる》・中村春代《なかむらはるよ》がやってきたことがあった。捨丸・春代は戦後よくテレビに出ていたが、戦前から活躍していたのである。このコンビは夫婦漫才の大御所だった。捨丸はちょび髭を生やしており、おつむがやや薄かった。羽織袴姿で、小鼓を片手に持ち、ポンと合の手を入れるという古風な漫才だった。

このスタイルは「張扇万才《はりせんまんざい》」と言われ、最初は鼓と張扇の小道具を使って、太夫が才蔵の頭を扇で張り飛ばして笑いを取るスタイルだった。この種の万才は、大正から昭和初期にかけて流行した。

ところが、昭和五年にエンタツ・アチャコが登場し、漫才界に革命をもたらすと、万才は漫才になった。捨丸・春代は、それ以前の古い万才を踏襲していたのである。

たまゑはひょうきんでお調子者の一面があり、捨丸・春代の前でおどけて、芸の真似をした。すると二人は喜んでしまい、たまゑを気に入って、「子どもにもらって大阪に連れて帰りたい」と言い出した。だが、さすがにこの話は、父親が反対して立ち消えになった。

漫才師たちは中国に慰問に行くようになった。昭和六年の暮れに、芸人たちの「慰問団」が結成された。同時に軍人美談も相次ぎ、戦争熱はいやが上にも高まった。

他家に住み込んで働く

昭和八年（一九三三）、たまゑは十一歳になった。四月から五年生に進級した。

この年の一月、ヨーロッパではドイツでナチが政権を握った。日本では二月に満州で関東軍が熱河《ねっか》省に向けて進軍を開始した。三月には日本の三陸地方でマグニチュード八・三の大地震が起き、多くの死者と被害が出た。

三月末に、日本は国際連盟を脱退し、国際的に孤立した。しかし五月に中国で塘沽《タンクー》停戦協定が成立し、国内では非常時色が一時的にだが和らいだ。満州を占領したことで経済がやや持ち直し、不況のどん底は脱した。

この年の秋、たまゑに大きな変化があった。ある人がたまゑがよく近所の農家の手伝いをしている働き者だという噂を耳にして、自分の家を秋だけでもいいから手伝ってもらえないかと、尾下家に申し出たのだ。

その家はたまゑの自宅から十キロほど南にある竹田という町の久留引《くるぶき》という集落にあった。

竹田は最近「天空の城」で有名になった竹田城祉の東側に細長く伸びた小さな元城下町で、久留引はその北端に位置している。集落は竹田城祉を南に望む高台にある。

その家は、幼い子どもを含めて子どもが五人あり、母親は病弱で寝込んでいたので、子守や家事の手伝いができる手が足りなくて困っていた。

申し出た人は秋だけでもたまゑに来てほしいと懇請した。父の菊松は自分の家は経済的に困っているわけではないからと言って、辞退しようとした。しかし、たまゑは自ら進んで、この家の手伝いに行くと言った。砂澤は後年、この家の窮状を聞いて心を動かされたからだと言った。

この頃、尾下家はかなり経済的に困っていたのではなかろうか。父親は仕事がなくなり、子どもは次々と生まれるので、少しでも食い扶持を減らしたかったにちがいない。たまゑは家の窮状がわかっており、家を出て働いて、少しでも親を楽にさせたいと思ったのだろう。たまゑを借りたいと申し込んできた家からは、何がしかの謝礼が支払われたことだろう。

当時、小学校を出ずに、早々と他郷に奉公に行く子どもはかなりいた。学校には行かずに家業を手伝っている子どもも少なからずいた。いずれも家計が苦しく、子どもを卒業まで学校に通わせる余裕がなかったのだ。

たまゑは最初、秋だけの約束でその家に行ったというが、そのまま小学校を卒業するまで居ついてしまった。しかし、最初から、両家の間にはそのような黙約があったのではなかろうか。

たまゑは結局、小学校を転校し、この家から近くの竹田小学校に通うことになった。小学校まで十五分ほどかかった。たまゑは小学校に通うかたわら、この家の手伝いをした。たまゑの場合、小学校に通わせてもらえただけ、他の子どもより恵まれていたと言わねばならない。

普通の子どもなら、十一歳で他家に奉公に出て住み込んで働くことなど心細くてできないものだが、たまゑは苦にならなかったようだ。たまゑはよほど精神力が強靭でタフだったと思われる。人にもすぐに溶け込める性格だったので、幼くして他家に住み込むことができたのだろう。これがたまゑが他家と他郷を転々とするその後の人生の始まりだった。

日本は十二月に皇太子明仁《あきひと》（のちの上皇陛下）が誕生され、祝賀ムードに包まれた。

奉公先の厳しいしつけに耐える

生家から十キロほど離れたところにある他家に子守兼家事手伝いとして住み込んだたまゑは、学校に行く前と帰ってきてから、母親の看病と子守をし、家事に追われる生活をするようになった。

百姓の手伝いや米つきもした。この家は農家を兼ねていた。久留引の集落は高台にあり、前の低地では水田や畑が作られている。たまゑは、近所の牛の餌を作る手伝いをしたことはあったが、百姓の手伝いをするのは初めてだった。

たまゑは、冬は山に柴刈りに行き、柴を束ねて背負って帰った。久留引の集落の背後は低い山である。私はその山の奥まで入ってみたが、いかにも柴が採れそうなところだった。幼い少女が粗朶《そだ》の束を背負って坂道を降りていく姿が目に浮かんだ。

夜は蚕《かいこ》の網を編んだ。北兵庫は養蚕《ようさん》が盛んだったので、当時多くの農家は蚕を飼っていた。蚕に食べさせる桑の葉を集めることも重要な仕事だった。納屋には蚕を飼う部屋があった。たまゑはこれらのことも初めて経験した。

子守以外の農家の仕事は、たまゑにとって初めての経験だった。たまゑはどんな仕事でも覚えたくて、自分から進んで引き受けた。そしてどの仕事も一生懸命に取り組んだ。たまゑは何事も覚えたい性格だった。

たまゑの働きぶりを見ていた近所の人は、昭和の二宮金次郎だと感心した。この回想は多少の誇張が混じっていると思われるが、たまゑがよく働いたことは確かだろう。

近所の人は、たまゑが無理やり酷使されていると誤解して、いじめられているのではないかとたまゑに言った。

奉公先の家には姑《しゅうとめ》がいた。このおばあさんは非常に厳しい人で、近所でも評判だった。武家の出で、しつけに厳しく、家の中の整理整頓はもとより、塵ひとつ落ちていても許さない人だった。マッチ棒の先に綿をつけたもので、障子の桟を隅々まで拭き取り、少しでも汚れが付くと掃除させた。この女性は江戸時代末期の生まれだろうが、明治の女性にはこのような厳しい人が多くいた。

たまゑはその姑の厳しいしつけに耐えて働いた。文句や不平は言わなかった。この時の経験が後年の我慢強さを養った。

その様子を見かねた近所の人が、たまゑの父に、「そろそろ迎えに行ってやりなさい、あれではあまりにかわいそうだ」と忠告に行った。すると父は、「自分から好きで出ていったのだから、自分から帰ってきたら家に入れてやる」と突っぱね、「それぐらい厳しいところで我慢できたら、いい嫁さんになれるだろう」と言った。

たまゑは盆も正月も実家には帰らなかった。学校が長期の休みになる冬、春、夏、農繁期の休みも一度も帰らなかった。勝気な性格だったからだろうが、実家の窮状を考えると、帰りたくても帰れなかったのだろう。

尾下家では昭和九年（一九三四）に四男の松夫が生まれていた。次々と生まれる子どものことで親たちは手一杯であり、たまゑが帰ってもかまっている余裕はまったくなく、狭い子だくさんの実家にはたまゑの居場所はなかった。

この年、たまゑは十一歳になり、四月から六年生になった。

小学校では、五年生から国史が教えられた。国が選んだ忠君愛国のモデルとみなされた歴史上の「偉人」たちの生涯が簡略に教えられた。

六年生になると、地理で満州について教えられた。これは満州国が成立し、満州について子どもたちに教える必要が生じたためである。しかし、たまゑは、のちに自分が満州の土を踏むことになるとは、想像もしていなかったにちがいない。満州ははるかかなたの異国だった。

この年二月、満州では溥儀《ふぎ》が皇帝に即位し、帝政が始まった。満州では十月末に特急「あじあ号」が運転をはじめ、満鉄が満州の経済を大きく支配するようになった。

昭和九年、日本は災害続きで、九月には超大型台風の室戸台風が関西を直撃し、大きな被害をもたらした。冬は東北地方が大冷害に見舞われ、多くの身売りが出た。

小学校を卒業し、奉公を終えて、たまゑは実家に戻った。久留引の家の人とたちとは、その後も付き合いが続いた。お母さんが亡くなったときは形見分けを娘さんたちが持ってきたし、娘さんの結婚式にも招かれた。

第三章　大阪にいたころ

働くことへの旺盛な好奇心と意欲

昭和十年（一九三五）が明けた。たまゑは十三歳になった。三月に小学校を卒業すると、久留引の奉公先を辞して実家に帰り、就職先を探し始めた。

当時、多くの子どもたちは、小学校を卒業すると上の学校に行かず、働きに出た。跡取りの長男以外の子どもたちは、たいてい家を出て、京阪神で丁稚奉公や紡績工場の見習女工、女中などになった。子どもたちはそれを普通のことだと受け止めていた。

たまゑは最初、郷里の隣町の梁瀬《やなせ》にあったグンゼ（郡是製絲、昭和十八年に郡是工業に商号変更）の製糸工場で働くつもりだった。グンゼは京都府の綾部市に本社がある紡績会社だった。地元で就職するつもりだったのである。

たまゑの生まれ育った兵庫県の但馬地方でめぼしい産業といえば、製糸工場ぐらいしかなかった。但馬、丹波、丹後地方は昔から養蚕の盛んな地域で、明治になって製糸工場がいくつもできた。和田山にもあった。

たまゑはグンゼの試験を受けたが、ここには就職しなかった。サナギの臭いががまんできなかったからだ。たしかにサナギの臭いは独特だが、私の経験ではがまんできないほどではない。

この原因は、たまゑの異常な嗅覚にあった。たまゑは聴力が常人離れしていたことはすでに述べたが、嗅覚の鋭さも尋常ではなかった。私は後年、砂澤が遠方の火事が臭いでわかると言ったことで、この異常な嗅覚に気がついた。

たまゑの働き口を決めたのは、たまゑの何でもやってみたい、何でも覚えたいという働くことへの好奇心と意欲だった。

それを物語るエピソードがある。たまゑは小学生のとき、自転車に乗りたいばかりに魚屋の手伝いをしたことがあった。自転車に乗って魚を売りに行かせてもらった。シイラを売りに行くと、二匹そっくり売り切れてしまい、魚屋の主人を驚かせた。シイラは山陰地方で夏から秋にかけて獲れる魚である。魚屋の手伝いは、久留引に子守に出される前の小学校五年生の夏休みだったかもしれない。

自転車は戦前は高価な乗り物だった。今日のように誰でも所有しているものではなかった。農村では自転車に乗る人はなく、自転車を持っている人はまれだった。もちろんたまゑの家にもなく、たまゑにとって自転車は高嶺の花で、それだけに好奇心を駆り立てられた。

自転車を持っている人は、移動に急を要する産婆や商品を運搬する必要のある商店主だった。自転車は荷物の運搬の手段として貴重だったのである。たまゑが魚屋の魚を自転車に積んで売りに行ったのはこのためだった。

当時、自転車は子どもの乗るものではなかったので、自転車に乗りたいと思ったたまゑは、少し変わった子どもだったことになる。

自転車は大正末期まで、女性の乗るものでもなかった。女性が自転車に乗る風潮が生まれたのは、昭和に入ってからだった。これは洋服の普及が進み始めたことと関係があった。和服では女性は自転車に乗りづらいからだ。

壺井栄《つぼいさかえ》の『二十四の瞳』で、大石先生が小豆島で自転車に乗って学校に通う場面があるが、これは大石先生がハイカラで進歩的な女性だったことを表している。たまゑは女の子だったので、この話はたまゑが進取の気性の持ち主だったことの証である。

自転車は明治時代にアメリカから入ってきた。最初外国製だったが、大正時代に国産品が製造された。自転車は当時六十円から九十円ぐらいした。公務員の初任給が七十五円だったから、給料一か月分をつぎ込んでも買えないぐらい高価だった。一般の人は容易に手が出なかった。

昭和初期、満州への工業製品の輸出品で第一位だったのは自転車だった。

このように何でもやってみたかったたまゑは、小学校を卒業する以前から、大阪に出たい、夜学に入りたい、ミシンを踏みたいと思うようになった。ミシンも自転車同様、当時高価で、普及しはじめたばかりの新製品だった。これもまた一般の人が買えるような代物ではなかった。この願いが叶い、たまゑに大阪に出る機会が訪れたのである。

大阪に出る

紡績工場の就職を断ったあとで、たまゑの父に、ある人から、たまゑを「大阪の開業医の家に子守として出さないか」という話があった。大阪の医者の家に住み込むのだから、正式の勤めではなく、私的な働き口である。久留引の住み込みの家事手伝いとなんら変わりはなかった。女中といってもいいだろう。

戦前、富裕層は女中を置くことが普通だった。一流の会社に勤めている人なら、女中を雇うことができた。当時の新聞には、小さな求人欄に、女中募集の求人がよく出ていた。女中は家事だけでなく、小さな子どもがいれば子守もした。

女中に出された女の子は、奉公先で家事手伝いや子守をしながら、行儀作法などを身につけ、いくばくかのお金を貯めて、適齢期になると郷里に帰って結婚するのがお決まりのコースだった。

当時、女性の適齢期は十五歳で、十五歳になると結婚できた。たまゑの両親も、最初このようなコースを思い描いていたのだろう。

奉公先は大阪の桜ノ宮駅の南側にある中野町で開業している医者の家だった。この話を持ち込んだのは、京都府福知山市に住む片岡という人だった。娘が中野町の医者に嫁いでいたのだった。片岡はたまゑが働き者であることを何かで知ったようだ。

たまゑは母親の仕立ててくれた新調の着物を身につけ、着替えなどが入った風呂敷包を抱えて汽車に乗ったことだろう。駅では家族が総出で見送ってくれたにちがいない。

この時は、日ごろは忙しくてかまってくれなかった母親が、やさしく気を使ってくれた唯一の瞬間だったかもしれない。たまゑは「働いてお金を送るからね」と言ったことだろう。家の窮状を考えると、それがたまゑにできる精一杯の親孝行だった。

たまゑの郷里から大阪に行くには、国鉄和田山駅から山陰本線で福知山駅に行き、ここから福知山線で大阪に出るのが早かった。和田山駅から大阪への直通列車は、一日に三本しかなく、約四時間かかった。急行はなく鈍行だった。当時の時刻表から類推して、午後一時五分の和田山発に乗り、午後五時十六分に大阪駅に着いたと思われる。この列車の旅はたまゑにとって初めての一人旅だった。

大阪（梅田）駅に着くと、片岡の娘が迎えにきていたにちがいない。初めて見る大阪はたまゑにとって大都会だった。世の中にはこんなに大きくて賑やかな町があるのかと、幼な心に驚いただろう。

当時、大阪はミナミが中心だった。梅田駅のあるキタは、東海道線の開通後開発され始め、明治四十三年（一九一〇）、阪急線の開通にともなって始発のターミナル駅となり、ようやく発展しはじめた新興の町だった。昭和四年（一九二九）には、現・阪急阪神東宝グループの創業者である小林一三《こばやしいちぞう》によって百貨店が開業していた。

中野町のある桜ノ宮駅は、大阪環状線で梅田から東へ二つ目の駅である。この間は、今は都心の一画となり、ビルが林立しているが、当時は大小の工場が沿線沿いに軒を連ねる工場地帯だった。沿線は煤煙《ばいえん》が立ち込め、貧しい木造家屋が密集し、満貫色の洗濯物が翻っていた。

中間の天満駅は、駅を出ると目の前を日本一長いアーケード街が走っている。環状線と交差して南北に伸びている天満橋商店街は、多くの人で賑わっていた。

中野町は桜ノ宮駅の南側にある閑静な住宅街だった。この地域は、環状線の開通と市電の開通によって、大正時代に入って開けた新興住宅地で、当時大阪の郊外だった。中野町は今でも閑静な住宅街である。

たまゑが大阪に出たころ、満州皇帝の溥儀が来日した。溥儀は四月六日、東京に到着し、京都、大阪、奈良、神戸、宮島などを訪問した。一行は各地で大歓迎を受けた。「歴史的瞬間」を称える市民の熱狂ぶりはすさまじいものだった。たまゑがこの時、すでに大阪にいたのかは不明だが、いたとすればその熱狂ぶりに接したことだろう。

この政治ショーは、関東軍が「日満親善」と「独立国満州」を世界に知らしめるために企んだことだった。これは日本の国民の脳裏に満州が深く刻み込まれたときだった。

溥儀一行は四月二十四日に離日した。その後、溥儀は昭和十五年（一九四〇）六月二十六日の紀元二千六〇〇年慶賀のために再び来日する。

医者の家で子守りと看護婦見習いの日々

たまゑは大阪の中野町にあった医者の家で、子守兼家事手伝いとして働きはじめた。

戦前の医者は診療器具も高性能なものではなく、設備も貧弱だった。問診と触診、聴診が中心で、いい薬も少なかった。大病や難病に対処する力はなく、治せる病気は限られていた。

また今とは違って、病院で患者の来診を待っているのではなく、患者の家によく出向いていた。訪問治療が多かったのである。外診はカバンを持ち自転車で出かけた。たまゑはカバンを持ち、自転車の後ろをついて行ったかもしれない。

たまゑは子守や家事の手伝いをしながら、看護婦の見習いもした。たまゑはそのまま看護婦になっていれば、いい看護婦になっただろう。後年、砂澤は病人の看護や、病人に付き添って世話をよくしたが、この時、大阪時代の経験が役に立ったようだ。

砂澤は病気のことがよくわかったが、この頃すでにその能力があったかは不明である。砂澤は人の体に手を当てるだけで体の悪いところがわかり、鍼灸《しんきゅう》で治療することができた。砂澤は鍼灸師になれる力が十分にあったが、免許を持っていなかったので、公には治療していなかった。このように砂澤には治療師の素質があった。

たまゑは二年ほど医者の家にいた。二年目の昭和十一年（一九三六）、十四歳のときに、「二・二六事件」が起きた。皇道派の青年将校が決起したのである。この事件は日本を震撼させた。これを境に軍部が独走しはじめ、思想運動はさらに弾圧されるようになり、言論・出版の統制が強化された。暗い谷間の時代が始まった。

広田弘毅《ひろたこうき》内閣は臨戦態勢を敷き、軍備拡張に走った。その結果、予算の半分が軍事費で占められた。異常である。満州国成立で持ち直した感のあった景気は、再び悪化しはじめた。それまで多少ゆとりのあった市民の生活は、貧窮の度を増していった。

同年十一月二十三日、日独防共協定が調印された。日本は枢軸結成に向けて歩を進めた。世の中の不穏な雰囲気は、若かったたまゑにも感じられるようになり、重苦しくのしかかってきた。

医者の家を出て、外で働きはじめる

二年ほど医者の家で子守と家事手伝いをしながら看護婦の見習いをしていたたまゑは、三年目に外で働きはじめた。昭和十二年（一九三八）のことで、十五歳になっていた。

外に出て働くことになったのは、幼児が大きくなって子守の必要がなくなったためだろう。また不況で病院も経営が苦しくなり、女中を雇っている余裕がなくなってきたからかもしれないし、二年間という約束が最初からあったのかもしれない。

都会で女中奉公していた女の子は、適齢期になると郷里に帰って結婚するのが普通だったが、たまゑは帰らなかった。たまゑは法的に結婚できる十五歳にはなっていたが、これといった結婚話がなかったのかもしれないし、郷里に帰っても働き口がなかったにちがいない。童謡「赤とんぼ」の「ねえやは十五で嫁にいき」のようにはならなかった。

この年、郷里の尾下家ではまた子どもが生まれていた。一月に三女の夏子が生まれたのである。これでは帰っても無駄飯食いの厄介者のいる余地はなかった。まだまだ働いてわずかな額でも仕送りする必要が長女であるたまゑにはあったのだろう。

砂澤は医者の家を出てアパートを借りたと言っていたが、現在の中学三年生の年齢に相当する弱年齢の女の子に、アパートなど貸してくれただろうか。

アパートはこの頃、増えはじめていたが、まだ少なかった。アパートとは名ばかりで、実質は木造二階建ての二間が多かった。鉄筋コンクリートはごくわずかだった。

当時、一戸建ての借家で家賃は十三円ぐらい、木造アパートで十円ぐらいだった。日雇いの成人男性で一日の稼ぎが一円四〇銭ぐらいだったから、これらの人でも木造アパートを借りることはきつかっただろう。まして十五歳の未成年にその家賃が負担できたとはとても思えない。

たまゑは引き続き、医者の家に置いてもらったか、医者に保証人になってもらい、近くに四畳半ぐらいの貸間を見つけたのではなかろうか。

たまゑは引き続き看護婦の見習いをしながら、喫茶店で働いたりした。

喫茶店は明治二十一年（一八八八）にできた東京上野の「可否茶館《かひさかん》」が、日本における最初の店である。喫茶店は大正期から昭和十年ごろまでが勃興期で、昭和十三年（一九三八）が戦前のピークだった。たまゑはこのピーク時に働いていたことになる。人出が足りず、求人は多かっただろう。

当時、コーヒーは異国のハイカラな飲み物で、一般的ではなかった。喫茶店でコーヒーを飲むことは、モダンなことと見なされており、関東大震災後、学生や庶民向けの店が増えたものの、喫茶店は庶民が気軽に入れる場所ではなかった。客には裕福な人が多かった。店は文化人の溜まり場として使われていた。

コーヒーは当時十五銭ぐらいだった。日雇い労働者の日当が一円四十三銭ぐらいだったから、日当の九分の一の値段だった。かなり高かった。

喫茶店はたまゑの郷里にはなかったので、珍しかったことだろう。豊かな大都市の近代生活の象徴であり、店は御殿のように感じられたかもしれない。当時のウエイトレスは、着物にエプロンがけだった。

喫茶店という言葉は、酒類を扱わないカフェの新しい呼び名として、昭和の初めごろから使われはじめた。いわゆる今でいうところの純喫茶である。しかし純喫茶は少なく、大半は女性が侍って接客するスタイルの店だった。カフェという言葉は、酒を出す店や女性が客に付く店を意味しており、本来の意味とは異なっていた。

大阪には「ルル」や「西村」など多くの喫茶店があった。砂澤は「美松《みまつ》」で働いたことがあったと言った。美松は今はなく、美松ビルだけが残っているが、二十年ほど前までは道頓堀にまだあった。また同名のキャバレーもあった。美松は戦前も大阪にあり、東京にも進出していた。日比谷で味のデパート「美松」を出していた。ここは一階が喫茶大サロンで、二階は関西風すき焼きの店だった。

喫茶店の隆盛は昭和十三年がピークだったことはすでに述べたが、減少に転じた理由は、戦争の拡大のためである。昭和十二年七月七日、中国北平郊外で、盧溝橋《ろこうきょう》事件が起きた。これが日中戦争の始まりとなった。以後、第二次上海事変を経て、戦局は拡大し、全面戦争に突入した。十二月には南京大虐殺が起きた。

戦局の拡大とともに、中国に送り込まれる兵士の数が増大した。街角や駅の出征兵士の歓送風景は日常茶飯事となり、出征兵士の武運長久を祈念する千人針を求める女性の姿が急増した。成人男性には召集令状が突然舞い込むようになった。

戦争開始とともに戦時体制が強化された。九月には国民精神総動員運動が実施され、統制経済が始まった。「ぜいたくは敵だ」のスローガンのもとに、ぜいたくな生活が白眼視されるようになり、喫茶店もその対象となった。戦争の拡大とともに、たまゑは職場のひとつを失ってしまった。

楽しかった青春時代

たまゑはさまざまな仕事をしながら、昼も夜も働いていた。唯一の楽しみは、休日に映画を観ることだった。

当時、映画は試作段階を終え、実製作に入ったころだった。昭和十年で、封切りの三分の一がトーキーだった。トーキー映画とは、無声映画ではなく、動画にセリフや音楽を伴った映画である。洋画も上映されており、「外人部隊」やチャップリンの「モダンタイムス」などが公開されていた。邦画では溝口健二《みぞぐちけんじ》の『祇園の姉妹』や山中貞雄《やまなかさだお》の『人情紙風船』などが作られた。

映画は国民最大の娯楽だった。入場料は封切館で五十五銭だったが、二番館、三番館になると、十分の一まで下がった。

だが、映画の自由な表現は、昭和十二年で終わった。以後は戦争の影響で表現統制が強化され、脚本の事前検閲が始まった。上映時間の制限も実施されるようになった。貧しかったたゑは、安い料金の三番館あたりに入っていたのではなかろうか。

大阪には場末の映画館まで含めると、数多くの映画館があり、梅田まで出なくても、天満や桜ノ宮にもいくつもの映画館があった。

砂澤は、当時十銭あれば映画を見て遊べたと言っていたが、古い映画を見ても十銭ぐらいはしたので、十銭では足りなかったかもしれない。カレーを食べると二十銭ぐらいしたし、市電に乗ると六銭はしたからだ。中学三年生に相当する年齢の女の子ができる遊びなどは、大したものはなかっただろう。映画を見ることと食べることが一番の楽しみだったにちがいない。買い物も天神橋商店街なら歩いていけたが、散歩がてら毛馬あたりまで歩いてよく出かけていたという。毛馬は中野町から歩いていける淀川の河畔だった。与謝蕪村《よさぶそん》の『春風馬堤曲』の舞台である。

砂澤は後年、「この頃が一番楽しかった」と言っていた。貧しいながらも、都会の生活をある程度満喫できたからだろう。たまゑの青春時代の最大の思い出だった。

昭和十五年になると、国策遂行のための文化映画が、全国の映画館で上映されるようになった。また情報局が本格的な映画統制を開始した。映画も含め、娯楽はすべて敵になっていった。

念願だったミシンを踏む仕事をする

たまゑはさまざまな仕事をしながら、郷里を出るときの念願だったミシンを踏むようになった。昭和十三年のことだったと思われる。たまゑは十六歳になっていた。

砂澤は「ミシンを文化洋裁学院という洋裁学校に入って習った」と言ったが、これは変である。当時、文化洋裁学院という学校はなかったし、このような学校に入れるのは、例えば谷崎《たにざき》潤一郎《じゅんいちろう》の『細雪《ささめゆき》』の四女のように、裕福な家庭の子女だったからだ。

洋裁はこの時代ようやく普及しはじめた最新の服飾技術だった。この頃、洋服を着ている女性はわずか一％ほどだった。ほとんどの女性が和服だった。洋服の女性はモダンでファッションの最先端だったが、そのような女性が着ている洋服を作ることは、ある意味で若い女性の憧れだった。

たまゑは女中奉公をしていた貧しい未成年だったので、このような学校に入る資力はなかっただろう。

たまゑがミシンの技術を学んだのは、授産所《じゅさんじょ》だったと思われる。授産所は最初、戦死した軍人の未亡人の生活を救済するための内職を与えることを目的としていたが、日中の戦局の拡大とともに、軍事用の衣類の需要が高まり、その製作の下請け加工を請け負う場に変わっていった。その仕事は低所得者や生活困窮者に与えられるようになった。

大きな都市で授産所が増設されるのは、昭和十二年の秋以降である。大阪では、昭和十二年十月一日に、七つの市民会館で一斉に事業が開始された。

たまゑは、市民会館内に開設された授産所で、ミシン加工の技術を学んだのではなかろうか。たまゑが住んでいた中野町から一番近い場所にあった市民会館は、天満橋筋六丁目の北市民会館だった。ここは天神橋筋商店街の北端に位置していた。ここだと時間はかかるが歩いて行けないことはなかった。

ただ、授産所の受講資格は満十六歳以上だったので、たまゑが通いはじめたのは、この年齢に達した昭和十三年一月三日以降だったと思われる。

ミシンは当時足踏み式で、今日の電動式とは異なり、熟練するまで時間がかかった。授産所では、技術を習得し熟練するまで、三か月から六か月の期間を見込んでいた。たまゑは訓練終了後、人を教えるまでになったので、相当熱心に学んだと思われる。

ただ授産所で学べたのはミシン加工の技術であり、洋裁ではなかった。洋裁は服のデザインを考え、型取りから始めて、ミシンを使って仕上げるところまで行なうが、ミシン加工は、例えばボタン付けのように、材料を業者から受け取って、それを部分的に加工するだけの作業である。両者はまったく異なる仕事だった。

たまゑがミシンを使うことに憧れたのは、ミシンが最新の機械だったからだ。ミシンは最初、外国製で輸入されていたが、昭和初期に良質の国産品が生産され普及しはじめた。しかし、家庭の普及率は三〜四％で、価格は一四五円もした。これは勤め人の初任給の約三倍だったから、庶民には高嶺の花だった。ミシンのあった家庭はまれで、所有者は富裕層だった。

技術を習得する間、支払われる賃金は低かったが、技術を習得すると、作業に必要な材料が与えられ、仕事に応じて加工賃金が支払われた。ただ、設備を使用させてもらうので、従業者は使用料を支払わねばならなかった。その額は一か月に二円以内だった。

砂澤は夜学に通ったと言っていたが、これは夜に市民会館に通ってミシンの使い方を習ったという意味だろう。そして習得後は、昼は他の仕事をし、夜はミシンを踏んでいたのではなかろうか。授産所の賃金は一日で平均一円だった。

加工する製品は様々だった。ズボン、チョッキ、婦人服、ワンピース、エプロン、下着、カーテン、穴かがり、ボタン付けなどだった。砂澤は「大丸のエプロンを縫うと一枚一銭になった」と言っていたが、これは五銭から五十銭ぐらいが相場だった。かなりの幅があった。ミシン加工も含めて様々な仕事をしていたたまゑは、ひと月で四〇円ぐらいは稼いでいたのではなかろうか。日雇い労働者の日当が二円弱だったので、その半分ぐらいは稼いでいたことになる。

砂澤は「三つ四つのことを同時にやっていないと食べていけなかった」と言っていたが、本当だっただろう。この時習得した技術は、のちに役に立つことになった。

たまゑが授産所で懸命にミシンを踏んでいた昭和十三年、国家総動員法が制定された。これによって人と物がさらに戦争に投入されるようになった。軍需用品の需要は増大する一方だった。授産所の軍用衣類の生産体制がこの頃強化されたのもそのためだった。

一方、日中戦争は泥沼化し、前線は伸び切ってしまった。戦況は膠着状態に陥り、悪化の度を増した。国内で食べられなくなった人々の満州への移民が増大した。

第四章　オダイになる

伏見稲荷から御神璽を受ける

大阪で昼も夜も働きづめだったたまゑの身に大きな変化が起きた。昭和十四年の二月のことだった。たまゑは十七歳になっていた。

この時、たまゑは伏見稲荷から御神璽《おみたま》を受けて祀りはじめた。すると信じられないことが次々と起きるようになった。砂澤は、「この年の伏見稲荷の初午祭《はつうまさい》は忘れることができない。このあと自分はおかしくなってしまった」と言った。

砂澤は初午祭と言ったが、昭和十年代、伏見稲荷では初午祭が行なわれた年と行なわれなかった年があったようだ。昭和十四年（一九三九）は初午祭の記録がなく、十一日に紀元節祭、十七日に祈年祭が行なわれたとなっている。砂澤は紀元節祭を初午祭と勘違いしたのではなかろうか。あるいは戦時下であるから初午祭は非公式に行なわれたのかもしれない。

当時、日本の神社は国家神道の機関と化し、信仰の場ではなく国家道徳を浸透し発揚させる教導の場となっていた。伏見稲荷でも国家のための祈りと祭りが盛んに行なわれていた。この年は、元旦に国威宣揚並びに皇軍武運長久祈願と拝賀式、四月二十五日には遙拝式、七月七日は皇軍武運長久祈願祭などが行なわれており、まさに戦時色一色だった。

当時は軍人の参拝も多く見られた。一般参詣者も戦争勝利や戦場に派兵された親族の無事を祈って参拝する人が多かった。神社は個人の信仰の場ではなくなり、その反動は、伏見稲荷では稲荷山のお塚信仰となって現れた。

私は最初、砂澤がお稲荷さんを祀りはじめたのは、自分の信仰のためだったと思っていた。祖母が教会を開いて稲荷を祀っていたし、父母も稲荷を信仰していたので、自然と自分も祀ろうと思うようになったのだろうと推測していたのだが、御神璽を受けたのは稲荷のオダイになるためだったのである。

その証拠は、砂澤の回想の端々からもうかがえる。砂澤は「十七歳のときから何も仕事はしていない」と言ったが、これはオダイとしての仕事を始めたからで、神様を祀る以外の仕事はしなくなったという意味だろう。

砂澤はまた、十七歳のとき、家族全員が祝ってくれたことは一生忘れられないとも言った。これは、御神璽を受けたあと、郷里に帰り、たまゑがオダイになったことを家族全員が祝ってくれたという意味だろう。

たまゑは十七歳のとき、オダイとしての仕事を始めた。若い身空でよく決心したものである。オダイになることは、すべてを捨てなくてはならないからだ。結婚もできなくなる。青春期の真っただ中にあった適齢期の女性が、おいそれと決心できることではない。よほど切迫した事情があったにちがいない。

たまゑが御神璽を受けることができたのは、仲介者がいたためだった。

たまゑの郷里の実家の近くに、寺内という集落がある。ここに寺内のお大師さんとして周辺の人々に親しまれている大師堂がある。たまゑをこのお堂の跡継ぎにするという話が持ち上がり、それを前提に、大師堂の設立者が東寺《とうじ》を通して伏見稲荷に話を通し、御神璽を受ける世話をしてくれたのだった。

真言宗の行者になりそこねる

寺内の大師堂を訪ねてみた。寺内は、たまゑの実家のあった場所の北方に位置している。和田山駅から歩くと四十分以上かかる。

大師堂は細長い集落の中ほどの奥まった場所にあった。堂は仏や祖霊を祀る建物で、集会にも使用される。立方体の一間が多く、一般的に大きくない。中は障子で遮られており見えなかったが、真言宗の修験道場であるから、お不動様や弘法大師の像を祀っていると思われる。堂の左側に玄関が付いており、その奥が小さな住まいになっていた。だが今は無人のようで、人の住んでいる気配はなかった。

お堂は正面下に数段の階段がついていて、上れるようになっており、前に賽銭箱が置かれていた。奇妙なことに正面に鳥居が設けられており、神社なのか寺なのか判断しかねた。周辺にはお不動様や弘法大師、修験者の像などが祀られていた。説明板には、ここは但馬金剛会の拠点で、根本道場であると書かれていた。ここは修験者の修業の場なのである。

これだけではよくわからないので、説明板に書かれていた関係者の連絡先を訪ねてみた。この人の話を聞いて、ようやく少し状況が飲み込めてきた。

お堂は寺内出身の中島宥精《ゆうせい》が建立した。中島は弘法大師を信仰し、小豆島の霊地を巡礼し、宝生院《ほうしょういん》で行を積んだ。その行が認められ、小豆島五十四番宝生院の教会を生地に造ることを許された。お堂は、弘法大師信仰の普及の場であるとともに、信仰を同じくする者の修業の場だった。そのために、ここは宗教施設として登録されているが、寺ではないために、檀家も墓もない。

中島は真言宗の行者だった。真言宗であるから、加持祈禱をしたようで、病気治しや予言なども行なっていた。お堂はそういう場でもあったのだ。これは後年の砂澤が行なっていたことと同じで、中島は稲荷のオダイと同じことをしていたのである。

真言宗の行者は東寺とつながりがある。東寺は空海によって伏見稲荷と緊密な関係を保ってきた。そのために、中島が東寺を通して伏見稲荷に御神璽授与の話を通すことは容易だっただろう。当時、御神璽を受けることは、今のように誰でもできることではなかったのである。

寺内集落にある大師堂

中島は昭和十四年、七十二歳だった。高齢である。子どもがなかったとすれば、自分が生涯をかけて建立したお堂の行く末は気になっていただろう。後継者を得たかったにちがいない。たまゑが稲荷のオダイの孫であり、霊能者の素質があることは、中島も噂で耳にしていたことだろう。跡継ぎとしてふさわしい人材であり、目を付けたのは当然の成り行きだった。中島はお寺の鐘を造っていたたまゑの父と知り合いだったのかもしれない。

この話は尾下家が言い出したのか、大師堂の関係者が尾下家に持ち込んだのかは不明である。しかし、この話は実現しなかった。理由は不明である。ただ御神璽だけが、たまゑのもとに残ってしまった。

たまゑは、大師堂を継いでいれば真言宗の行者になっており、稲荷専業のオダイにはなっていなかっただろう。砂澤は終生弘法大師を敬い続けたが、その信仰はこの時に始まったのである。また、砂澤は、最初お不動様とお稲荷さんの両方を信仰していたと言ったが、それは大師堂の一件があったからだろう。真言宗の行者はお不動さんと弘法大師を信仰しているからだ。

御神璽を受けたことで起きた思いがけない異変

たまゑを大師堂の跡継ぎにするという話が持ち上がったとき、たまゑの両親はこの話に乗り気だったにちがいない。

母親は自分が祖母の跡を継がず、祖母が作った教会を閉じてしまったので、尾下の家を継いだ以上、祖母の跡継ぎをつくり、教会を再興したいと望んでいただろう。母親はたまゑに霊能者の素質があることに早くから気がついていたので、たまゑこそ尾下の家を継ぐのにふさわしいと思っていたのだろう。

大師堂の話があったとき、両親は絶好の機会到来と喜んだにちがいない。ここの跡継ぎになれば、お堂はたまゑのものになるので、新たにお堂や教会を建てる必要はなくなる。子だくさんの尾下家には、たまゑにお堂や教会を建ててやる余裕はまったくなかった。しかも寺内なら実家の近くなので、たまゑが活動するのには便利だった。

父親は仕事がなくなっていた。日中戦争が始まって物資の統制が始まり、生活用品はすべてが代用品に変わっていった。昭和十三年（一九三八）四月、「銑鉄鋳造物に関する件」が実施され、鋳鉄器具の数は激減していた。鋳物類は製造されなくなり、身の回りから消えていった。このような時代に、お寺の鐘を造る仕事が入ってくるわけがなかった。そのうえ父親は六十を過ぎていたので、過酷な肉体労働はできなくなっていた。

一家の主に仕事がなく、子どもたちはまだ働ける年齢には達していなかった。一家は唯一の働き手であるたまゑに頼らざるを得なかった。しかし大阪で仕事をしているたまゑに多くの収入は期待できなかった。だがオダイになり、信者がつけば多くの収入が見込める。祖母を見ていた母親にはそれがわかっていた。両親はたまゑが将来一家を養ってくれることを期待したのだろう。大師堂の後継者の話はそれにうってつけだった。両親はこの話をたまゑに薦めたにちがいない。

しかし、たまゑはこの話を受けたくなったのではなかろうか。貧しいとはいえ都会の生活になじんでいた若い女性に、すべてを捨てて神様の仕事を始めることなど、考えただけでも嫌だったにちがいない。たまゑは結婚して家庭に入りたかったのだろう。強固に抵抗したのではなかろうか。

だが、一家の困窮は無視できなかった。自分以外に一家の収入を支えられる者はいなかった。都会で賃仕事をしているわけにはいかなかった。自分のすべてを犠牲にして、嫌々ながらこの話を受ける決心をしたのだろう。

御神璽を受けたとき、たまゑは郷里に帰りオダイの仕事を始めたのではなく、大坂にいたようだ。砂澤は「大阪には五年ほどいた」と言っていたから、昭和十四年は大阪にいたようだ。実家に帰っても弟や妹がたくさんいる狭い家では仕事はできなかっただろう。寺内の大師堂の受け入れ態勢が整えば帰るつもりだったのかもしれない。

ところが、御神璽を受けたことを境に、たまゑの心身に思いがけない異変が起き始めた。現実の声ではない声が、のべつ幕なしに聞こえるようになったのだ。しかもそれがすべて本当で、自分の思ったことが実現するようになったのである。たまゑは頭がおかしくなった、気が狂ってしまったと不安になった。

声は耳を塞いでも聞こえてきた。自分で制御し止めることはできなかった。声はたまゑを悩ませ続けた。たまゑはどうすることもできなくなり、耐えられなくなって、自殺を図った。

たまゑはカルモチンを大量に飲んだ。だが、気がついてみると助かっていた。カルモチンは当時有名な睡眠薬で、作家の太宰治《だざいおさむ》が自殺したときに使ったものだ。

砂澤は、「救急車で運ばれて、気がついたら病院の部屋にいた」と言っているので、大阪にいたことは確かである。救急車は昭和十一年（一九三六）に警視庁消防部で使われ始めたので、田舎ではまだ普及していなかったからだ。

たまゑは自殺を二度試みたが、いずれも助かってしまい、死にたくても死ねないと落胆した。自殺の日時は不明であるが、昭和十四年だろう。御神璽を受けたばかりに、楽しいはずの青春時代は一転して悲惨なものになってしまった。

自殺未遂は臨死体験の一種である。臨死体験をすると霊能力が生じることがある。結果的に、自殺未遂によって、たまゑの霊能力は強化されたのだろう。これもまた異変を克服するための方法のひとつだったのかもしれない。

巫病に悩まされる

死のうとしたのに死ねなかったたまゑは、御神璽を受けて生じた心身の異変を、他の方法で治さねばならなかった。そうしなければ生活ができなかった。治療は死活問題だった。そのためには行をする必要があった。

砂澤は気がついていなかったようだが、たまゑの症状は巫病《ふびょう》だった。巫病というのは、霊能体質の人や霊感の強い人が、性ホルモンの関係で若いころにかかる心身の異変である。思春期になると性ホルモンが活発化するためだ。

症状は人によって異なる。不快な気分に襲われ、体がだるく、微熱が続く人もいれば、暴れたり、奇妙なことを口走ったり、狂ったようになる人もいる。幻覚が見える人もいる。

たまゑの場合は、これらの症状もあったのかもしれないが、他の人とは違い子どものころから霊聴の能力があったために、変な声が聞こえてくるようになったのだ。霊聴の能力がない霊能者には、このような異変は生じない。

たまゑは憑霊体質だったので、さまざまな霊が寄ってきた。その声が絶え間なく聞こえてくるようになったのだろう。中には悪い霊もいたにちがいない。たまゑはこれらの霊を寄せつけない力がまだなかった。砂澤は霊の声を幻聴と勘違いしていたようだ。

巫病を治すには行をするしかないのだが、たまゑがこのことをどのようにして知ったのかは不明である。聞こえてくるある声の主に教えられたのではなかろうか。

後年、砂澤は行の仕方は「すべて神様に教わった」と言っているので、巫病にかかったときも、「行をしろ」という声が聞こえてきたのではなかろうか。声の主は行の仕方も指示したたにちがいない。

たまゑは心身の異常を治したいために、必死で行を始めた。死にたくても死ねないのだから、治すしかなかった。だが、たまゑが激しい行にのめり込んでいったのは、激しい行をすれば死ぬことができると期待していたからでもあった。

激しい行を続けていると、声の主は「伏見稲荷で百日断食をしろ」と言ったようだ。たまゑは百日も断食すれば死ぬことができると思ったことだろう。このため、昭和十四年は、少なくとも三か月以上稲荷山にいたようだ。

戦時中だったにもかかわらず、伏見稲荷の稲荷山では多くの信者が行をしていた。ここは古来行場だった。たまゑは御神璽を受けて講員になっていたので、施設を利用し、信者に混じって行をすることができた。

昭和九年（一九三四）、山頂直下の御膳谷《ごぜんだに》の下に、清明舎《せいめいしゃ》が設けられ、講員はここを利用することができるようになった。清明舎のそばに滝があるが、この滝の下で行をしている講員が鈴なりになって写っている当時の写真が残っている。この頃はそれほど行をする人が多かったのである。

たまゑは中高年の人たちに混じって行に励み、清明舎に泊まり込んで、断食をしながら、滝行を中心とした行に明け暮れていた。若い女性だけに目立っただろう。その結果、たまゑは死線すれすれのところまで行った。

断食について、砂澤は、「塩だけを取り、あとは何も食べない」と言った。その間は、ジッとしているのではなく、通常どおり行をして体を動かし、睡眠も普通に取るという。

百日断食行の最終期、たまゑは心身ともに衰弱しきってしまった。フラフラの状態で、歩くことすらできなくなった。坂道を上れなくなり、手に草鞋《わらじ》をつけて、這って上った。その時、意識が朦朧《もうろう》とする中で、お馬さんが現れて、たまゑを乗せて、清明舎まで運んでくれたという。この白馬は、参道入口に祀られている白馬だった。稲荷の神馬《しんめ》である。この出来事が幻覚だったのか実際に起きたのか、私には判断しかねる。

また心身が衰弱しきったとき、草木の声がいっせいに「ワーン」と聞こえてきた。草木が話したのである。これぞまさしくアニミズムである。

行が満期になる直前に、たまゑは光輝く神々しい霊狐《れいこ》を見た。まぶしくてまともに見ることができなかった。霊狐はクルリと後ろを向いて、太くて大きな尾を見せてくれた。尾は霊力の印である。この霊狐は眷属神《けんぞくしん》の元祖阿小町《あこまち》だろう。

たまゑは百日断食を成し遂げた。結局、百日断食をしても死ねなかった。どうして死なせてもらえないのだろうと悔しかった。

断食後の回復の仕方も神様が指示されたようだ。断食後、復食などの処置を誤ると、死を招くことがあるので、この時期は重要である。

こうした激しい行を続けていると、巫病は治っていった。激しい行の結果、心身が強くなり、寄り来る霊に勝てるようになった。寄せ付けないで追い払う力がついたのである。

百日断食は究極の臨死体験である。これによって霊能力は最大限に開発されたことだろう。若いときに激しい行を積むと、霊能力が開発され、飛躍的に向上する。後年の砂澤の優れた霊能力は、この激しい行の賜物と思われる。

激しい行によって得た能力

昭和十四年から十五年（一九四〇）、たまゑの足取りは不明である。どこで何をしていたのかわからない。おそらく行に明け暮れていたのだろう。そのために収入はなかったにちがいない。だが稲荷山で行をしている限り、収入はなくてもやっていけた。戦前に稲荷山で行をしたある人は、「お金や食料がなくてもやっていけた」と言っている。

後年、砂澤は、収入がないと不安がる人に対して、「食べられないなら食べるな」とよく叱っていた。これは若いころの行の経験がそう言わしめたのだろう。しかしそう言われても、行などしたことがない人は困ってしまう。ましてや食べさせなければならない家族がいれば、なおさらである。

たまゑが百日断食をしていたころ、この荒行に挑戦した人は他にも何人かいた。しかしやり遂げた人はごくわずかだった。たまゑはこの時期、多くの稲荷の行者と知り合いになった。

たまゑは激しい行によって寄りくる霊を跳ね返せるようになり、聞こえてくる声をコントロールできるようになった。また霊を呼び出すこともできるようになった。その結果、自分を取り戻すことができた。これによってオダイとしてやっていける基礎ができたのだろう。

たまゑがどのようにして巫病を克服できたのか、それを暗示する話を聞いたことがある。

平成十年（一九九八）ごろだっただろうか。ある青年が母親に連れられて砂澤のもとへ相談に訪れた。私はたまたま控室にいたので、隣室から砂澤と母子の会話が断片的に聞こえてきた。切れ切れに聞こえてくる砂澤の話をつなぎ合わせて想像すると、青年は幻覚症状、特に幻聴に悩まされていたようだ。これは統合失調症である。

砂澤は、「幻覚症状は怖いものではなく、病気であって病気ではない。しかし症状は簡単には消えないので、自分と闘って治していくしかない」と言った。

私は砂澤が言っている意味がわからなかった。だがのちに、砂澤が青年の症状と自分の症状を同じとみなしていたことに気がついた。しかし、青年の症状と砂澤の若いころの症状とは明らかに違うものだ。

青年の症状は、統合失調症による幻聴である。だが砂澤の症状は霊聴である。青年の幻聴は自分の内なる声、つまりもうひとりの自分の声が聞こえてくるのだが、砂澤は神様や霊の声が聞こえてくるのであって、内なる自分の声ではない。砂澤は巫病について自分でもよくわかっていなかったのかもしれない。

砂澤は症状を治す方法について語り始めた。「この病気は自分と闘って治していくしかない。死を覚悟して治していくしかないし、自分が強くなると幻覚は逃げていく」と言った。また、行をすることによって心身を強くしないとこの症状は治せないと言った。

具体的には、行をすると無《む》になることができ、何も考えなくなると、幻覚は生じなくなる。つまり頭の働きを止めると、幻覚は起きないのだ。そして自然と一体になると幻覚は逃げていくと言った。これは無になるという意味だろう。

また断食をすると、幻覚は逃げていくとも言った。断食をすると頭が冴《さ》え、幻覚は逃げていくそうだ。

さらに、「死を覚悟して行に打ち込めば、幻覚は克服できる。死のうと思っても死なないから大丈夫だ、信念を持たないと、幻覚が生じる」とも言った。これは信仰の道に入らないと、幻覚から逃れることはできないという意味だと思われる。以上の話は、砂澤の巫病克服の証言とみていいだろう。

だが、青年と母親には、砂澤の言っていることがまったく理解できなかったようだ。不可解な表情で帰っていった。砂澤のやり方で青年の幻聴が治るのかよくわからないが、原因は違っていても効果はあるのではなかろうか。

砂澤は母子が帰ってから、今の人たちの生活の仕方が幻覚を生むのだと、批判めいたことを言った。つまり暖衣飽食の楽な生活が幻覚の原因だというのである。こういった生活をやめるためには、行という正反対の苦行は最適で、いい薬になるだろう。

たまゑが行に明け暮れていた昭和十四年は、五月にモンゴル国境でソ連軍と日本軍が衝突し日本が大敗するというノモンハン事件や、九月にはドイツ軍がポーランドに進撃して、第二次世界大戦が起こるという不穏な年だった。これらは日本の不吉な未来を暗示する出来事だった。七月には白紙召集が始まり、国家総動員法による国民徴用令が施行された。多くの男性が紙切れ一枚で戦場に駆り出されていくことが、さらに頻繁になった。

物資はますます窮乏の度を増していった。鉄製品の回収が始まり、一坪菜園が奨励され、米穀配給統制法が制定された。一汁一菜が奨励され、白米禁止令が出され、物価と賃金の凍結が行なわれた。その結果、闇市が横行しはじめた。

このような物資欠乏の不穏な世相の中で、たまゑは行に励んでいた。

結婚を望んだ男性の出征

昭和十五年、たまゑの身にもうひとつ重大な事件が起きた。たまゑは十八歳になっていた。この年、たまゑと結婚したいと思っていた男性が現れたのである。しかしたまゑがこのことを知ったのは、男性が出征して戦地から出した手紙によってだった。男性が出征したのは、昭和十五年のことだった。おそらく中国へ送られたのだろう。

手紙には、「結婚したいと思っていたが、戦地に赴いたらどうなるかわからないので、他に相手ができたら結婚してほしい」と書かれていた。たまゑは適齢期に達していたとはいえ、結婚と言われても夢のような話で、ピンとこなかった。

手紙で、男性には親同士が決めた結婚相手がいたことも明らかになった。しかし、男性はたまゑとの結婚を望んでおり、両親もたまゑを気に入っていたので、結婚を許す気になっていたという。

男性の名前や出身地は明らかではない。男性は戦死するが、そのことがわかったのは戦後だった。たまゑは、手紙をもらったために、男性が生きて帰ってくることを、心のどこかで待ち望んでいた節がある。

男性とたまゑがどこで知り合ったのかは不明である。ひとつ考えられることは、授産所の関係である。授産所は軍需用の被服の製造を軍から請け負っていた。日中戦争の進展とともに、授産所は軍の下請け工場と化していた。砂澤は大阪の師団本部にも行ったことがあったと言っていたので、軍の施設に仕上がった製品を届けていたのだろうか。

結局、たまゑは婚期を逸し、終戦後まで未婚のままだった。それは男性が帰ってくるのを待っていたからだろうが、巫病を治すために行に明け暮れていたのでは、現実問題として結婚などとてもできなかっただろう。

砂澤は神様のせいで結婚できなかったと言っていたが、この辺りの事情はかなり複雑である。たまゑの結婚話は、戦争が生んだ多くの悲劇のひとコマだった。戦争は多くの人々の運命を引き裂いたのである。

昭和十五年の日本は紀元二六〇〇年に当たった。十一月十日には記念式典が挙行され、十四日まで各地で祝賀行事が行なわれた。しかしたまゑは、巫病でそれどころではなかったにちがいない。

この年、物資はますます窮乏し、砂糖やマッチなどの規制が始まり、奢侈品《しゃしひん》の製造販売が制限されるようになった。「ぜいたくは敵だ」というスローガンが、声高に叫ばれるようになった。カタカナ語は禁止され、隣組の連帯監視が強化され、防空訓練が始まった。

軍の南洋諸島への進出が始まり、北部仏印進駐が発令された。日独伊三国軍事同盟が締結され、十月には大政翼賛会が発足した。十一月には大日本産業報国会が創立された。戦時色はますます強まっていった。

父・菊松、この世を去る

昭和十六年（一九四一）、たまゑをさらなる不幸が襲った。この年、父・菊松が他界したのである。六十四歳だった。父の死は、お父さん子だったたまゑにとってつらい出来事だったにちがいない。たまゑは父親に代って、一家の生計を支えなくてはならなくなった。たまゑは十九歳になっていた。

たまゑは、父の死後、郷里に帰り、本格的にオダイとして働き始めたようだ。郷里でオダイをしていたことは、砂澤の信者だった女性が、自分の父親は戦前に砂澤の信者だったと述べていることで明らかである。

信者だった女性の親は、仕事が受注できず倒産寸前まで追い込まれたとき、「近くの村に仕事があるので今日中に行けば助かる」と言われて、そのとおりにして命拾いしたことがあった。

当時、北兵庫には、口寄せも含めて民間巫者が数多くいた。たまゑは新参者で、その中の一人にすぎなかった。だが、たまゑは他の巫者とは異なっていた。伏見稲荷の御神璽を受けており、優れた霊能力を身につけていた。御神璽についてこられた神様を使って、さまざまなことができるようになっていた。たまゑは霊能者としての実力が群を抜いていたため、すぐに周囲にその名を知られるようになった。

当時、戦局が悪化し、食糧難はますますひどくなっていた。特に都市部はそれが顕著だった。しかし、農村部はまだ食料が豊富だった。信者はお供えとして、自家で採れた食物を持ってきた。たまゑの実家は農家ではなかったので、このお供えはありがたかったことだろう。一家の食を養うのに役立ったにちがいない。

たまゑは死に物狂いで働いた。しかしそれは一家の生計を支えるためであり、完全にオダイになる、つまり専業になる決心をしていたからではなかった。

意識を失い、不思議な光景に出会う

たまゑはこの頃、自殺ではなく、他のことで再び死にかけたことがあった。

父の死後、たまゑは郷里の口寄せに、あることを見てもらいにいった。口寄せに父の霊を出してもらおうとしたのだ。

口寄せは死霊がかかる霊能者である。死霊専門で、他のことはできない。口寄せにかかる霊は、相談者の亡くなった親族や近親者で、かかった霊が相談者に語りかけるのである。

私の親族は、夫婦で口寄せに相談に行ったことがある。この時かかったのは夫の母親だった。その声も話し方も生前の母親そっくりだったという。

たまゑは口寄せに父の霊を出してもらいたかったのだが、霊がなかなか出てこないので、イラついてしまった。すると、原因は不明だが、突然昏倒してしまった。意識を失っていたとき、たまゑは不思議な光景に出会った。

たまゑは美しい川のほとりにたたずんでいた。向こう岸に渡ろうとして、対岸を見ると、対岸は光り輝いていた。対岸には美しい花が咲き乱れ、観音様とお不動様、それに弘法大師が座っていた。そのそばに、父親がいた。

父親はたまゑに気づくと、「ここはまだお前の来るところではない。帰りなさい」と言った。たまゑが意識を取り戻したのは、そのあとだった。

この出来事は、臨死体験と呼ばれている。この時、たまゑは死にかかったのだが、寸前のところで助かったのである。

臨死体験者が死の間際で見る光景は、あの世のものなのか否かは議論の分かれるところである。光景は人によって異なっているが、ある種の共通性があり、その違いは文化や個人の経験の反映と考えられている。

たまゑの場合は、たまゑが信仰していた神仏と弘法大師の霊、それに最も会いたかった父親の霊が出てきたのが特徴である。これはたまゑの意識の反映だろう。

私の母親も臨死体験者である。母親の場合は、やはり川の対岸に美しい光景を見ているが、下から手が伸びてきて、「今あっちへ行くときではない」という声が聞こえ、足をつかまれて引き留められたという。

私の母親と砂澤の臨死体験は、大きな違いがある。一般的に、臨死体験は、私の母親のように、病気や事故などで死にかけた人が、死の間際に経験することである。母親は老体で、意識不明の重体だった。これに反して、砂澤は病気ではなく、若くて心身は壮健頑強だった。死の間際にいる病人ではなかったのである。この点で、砂澤の体験は特殊である。

たまゑは意識が戻り、またしても死ねなかったことに気づいた。この時は自ら死のうとしたのではなかったが、心のどこかで死にたいと思っていたのだろう。あの世がなかなか自分を受け入れてくれないことをたまゑは嘆いた。

たまゑは自殺未遂ではなく、昏倒して彼岸の光景を見るという臨死体験をした。これによってさらに霊能力は強化されたにちがいない。たまゑは何度も死に際まで行くことを繰り返しながら、霊能力を高めていったのである。

生まれ変わりによって受け継がれる能力

たまゑは父の死後、オダイとして仕事を始めた。祖母の跡を継いだのである。

私は砂澤の話に触発されて、生まれ変わりについて調べたことがあった。その時ふと、たまゑは祖母の生まれ変わりではなかろうかと思った。

稲荷のオダイは一代置きに出現すると言われている。たまゑの場合もこのケースに当てはまる。なぜオダイは一代置きに現れるのかというと、オダイの子どもはオダイの生存中に生まれるので、オダイは自分の子どもには生まれ変わることができない。しかし、孫だとその可能性がある。孫が生まれたとき、祖母のオダイはこの世にいないことがあるからだ。この場合、祖母は孫に生まれ変わることができる。

日本では、生まれ変わりは同一家系内で起こることが多いと研究者は指摘している。たまゑがこのケースに当てはまるとすれば、祖母の生まれ変わりであることはあり得るだろう。

この他にもたまゑが祖母の生まれ変わりである証拠と考えられることがいくつか目に付いた。

そのひとつが、たまゑが幼少期に霊能力を持っていたことである。生まれ変わりの研究は、前世を語る幼児が前世の人物が持っていた能力や技能を他の子ども以上に持っていることがあると指摘している。例えば、前世で優れたゴルフの選手だった人の生まれ変わりと称している子どもが、幼少期に優れたゴルフの才能を発揮することがある。

霊能力もひとつの能力であり技術である。たまゑがこの優れた能力を幼少時に持っていたことは、前世で高度な霊能力を持っていた証であり、前世の人物が祖母だったことは十分にあり得ることである。たまゑは祖母の霊能力を受け継いでいたのである。こう考えると、たまゑの優れた霊能力の秘密が解けてくる。

生まれ変わりの研究者は、優れた能力や技術だけでなく、生前の習慣や仕草や動作、また職業なども受け継がれることがよくあると言っている。例えば、前世で足が悪くて足を引きずって歩いていた人が生まれ変わると、また足を引きずって歩くことがあるというのだ。これは前世の仕草が受け継がれたものである。

たまゑは幼少時、いつも座布団に座って正座している癖があった。これも前世でオダイをしていたとすれば考えられる習癖である。オダイは一日中座りっぱなしで御祈禱《ごきとう》をしているからだ。しかも正座である。砂澤の生活もそうだった。よくあれだけ長時間正座していられるものだと感心して見ていた。長時間の正座はオダイの職業癖である。

さらに砂澤は、「生まれ変わったらまた人助けだと神様から言われている」と言っていた。これは生まれ変わったら前世と同じ仕事をするという意味である。オダイの仕事は人助けである。砂澤は前世でも人助け、つまりオダイの仕事をしていたのだろう。

砂澤は人助けがしたくて仕方がない気質だった。これは誰でも持ち合わせている気質ではない。これも前世から受け継がれたものだったのだろう。

このように考えてみると、たまゑは祖母の生まれ変わりだった可能性がある。また、たまゑと祖母は血のつながりはなかったので、霊能力は遺伝ではないことになる。生まれ変わりによって受け継がれる能力なのである。


たまゑがオダイとして必死で働いていた昭和十六年、尋常高等小学校は国民学校に変わった。子どもたちを戦場に送り込む教育は、一段とシステム化された。

食堂は外食券制度になり、生活必需品も配給制になった。物資はますます欠乏していった。バケツも金属製から木製やダンボール製に変わった。金属の欠乏を補うため、鉄の門は撤去され、木製になった。

満州へは八十五万人が動員され、南部仏印進駐が発令された。アメリカは石油の対日輸出を停止した。十月八日、東條英機《とうじょうひでき》内閣が成立し、臨戦態勢が一段と強化され始めた。そしてついに十二月八日、日本軍の真珠湾攻撃によって、日米開戦の幕が開けた。太平洋戦争が始まったのである。都市部では防空訓練が盛んになった。

第五章　満州へ

たまゑの身に再び起きた重大な変化

昭和十六年（一九四一）十二月八日、日本軍の真珠湾奇襲によって、日米開戦の幕が開いた。日本軍は劇的勝利を収め、日本国内は戦勝の報に沸き立った。

昭和十七年（一九四二）一月、日本軍はフィリピンを攻略し、二月にはシンガポールを占領した。続いて三月、ビルマの首都ラングーンを占領した。破竹の勢いだったが、日本の勢いは長くは続かなかった。

この年の三月、昨年の父の死に続いて、たまゑの身に再び重大な変化が起きた。母むなが再婚したのである。相手は今井新吾といった。明石の人で三十八歳、むなの一歳年上だった。今井は五男だったので、菊松とは異なり、戸籍に夫として記載されている。

母がなぜ再婚したのか、理由はわからない。やはり一家の主、働き手が必要だったのではなかろうか。母の再婚は、たまゑにはショックだったにちがいない。それにしてもよく七人もの子どもがいる寡婦の家に入夫する気になったものだ。

四月十八日、米軍機B25が日本本土を初めて空爆した。これを皮切りに、米軍の日本本土への攻撃が始まった。内地は安全ではなくなった。

日本は物資の欠乏が激しくなった。五月十二日、金属類回収令が執行された。武器弾薬を造るための原料だった。寺院の仏具・梵鐘《ぼんしょう》などが強制的に供出させられた。この時出されたあるお寺の鐘に、父・菊松の名前が入った鐘があったという。たまゑはその鐘を見ているので、この頃は郷里にいたことになる。

六月五日、ミッドウェーの海戦があり、七月に日本軍はフッツ島とキスカ島に上陸した。八月八日に第一次ソロモン海戦が起き、十八日、ガダルカナル島に上陸した。しかし、十二月三十一日にはガダルカナル島の全兵力が撤退を開始し始めた。日本軍の敗退が始まったのである。

時期は定かではないが、昭和十七年の十月以降のことだと思われる。たまゑは兵庫県姫路市に新設された第二海軍衣糧廠《いりょうしょう》で働き始めた。身分は軍属だったようだ。たまゑは二十歳になっていた。

太平洋戦争開始後、日本はますます物資と食料が乏しくなり、自給自足体制を築かなければ立ち行かなくなっていた。軍部は危機感を抱き、対策に力を入れ始めた。

海軍衣糧廠は、海軍が被服と食料を生産するために昭和十七年十月に新設した施設だった。設置の直接のきっかけとなったのは、同年九月の勅令「海軍衣糧廠令」だった。

たまゑがこの施設の勤労者募集をどのようにして知ったのかは定かではないが、各地に国民勤労動員署があったので、ここを通じてだったかもしれない。また大阪の授産所を通じてだったかもしれないし、神様に教えられたのかもしれない。いずれにしても、ミシン加工の技術に熟達していたので、その技量を買われてのことだったのだろう。

日本はすでに女子を含む青少年の勤労動員が始まっていた。昭和十八年（一九四三）五月には未婚の女子（二十二歳から三十九歳）が女子勤労報国隊として動員されることが決まるので、未婚だったたまゑは昭和十九年（一九四四）になると女子挺身隊として、工場で奉仕する運命にあった。だが、すでに衣糧廠に勤務していたので、これは免れることができただろう。

たまゑが海軍衣糧廠で働き始めたのは、未婚の女子にかかるこのような重圧のためだったからだろうが、母親が再婚したので郷里には居づらかったという理由もあったのかもしれない。

当時、未婚の女性の中には、勤労動員に駆り出されるのが嫌で、それを避けるために結婚した人が少なからずいた。作家の佐藤愛子《さとうあいこ》もその一人だった。

海軍第二衣糧廠で働く

海軍第二衣糧廠は姫路市北条二五〇番地にあった。ここは国鉄姫路駅の南側で、以前、片倉製糸の工場があった場所である。当時この辺りは田畑が多かった。

正門は赤レンガ造りで、正面に庁舎が建っていた。庁舎の南側は裁断工場で、裏は被服工場だった。たまゑはこのどちらかで働いていたと思われる。

工場で働いている人の数は多かった。近在の通勤労働者だけで二〇〇〇人を超えていた。総計で約三〇〇〇人だった。若い女性が多かった。

工場には優秀な裁縫士の下に数十人の裁縫手が配属されていたので、たまゑは裁縫士だったのではなかろうか。

労働環境は厳しかった。午前七時三十分に作業が始まり、午後五時に終了した。休みはほとんどなく、「月月火水木金金」状態だった。これは海軍の働きぶりを表した当時の有名な標語である。たまゑは愛国心が強かったので、お国のためにと一生懸命働いた。

敷地内に寄宿舎があった。たまゑはここで寝食していたのではなかろうか。軍関係で働いていれば、少なくとも食料は保証されたので、民間のように飢えに苛《さいな》まれることはなかった。

ただこのような生活になってしまうと、神様を大っぴらに祀ることはできなかった。オダイの仕事は休業状態となってしまった。

たまゑが姫路にいた昭和十八年、戦局は暗転し始めた。二月一日、ガダルカナル島からの撤退が始まった。四月十八日には山本五十六《やまもといそろく》が戦死した。国民はこの知らせに衝撃を受け、軍神の死を悼み、前途に不吉な予感を抱いた。

六月二十九日、アッツ島で日本軍は玉砕し、学徒動員体制が敷かれ、十月に学徒動員が始まった。九月には女子挺身隊が始動した。ヨーロッパでは九月八日、イタリアが連合軍に無条件降伏し、日独伊同盟の一角が崩れた。欧州戦線は連合軍が優勢に転じた。

十一月二十二日、カイロ会議が開かれ、十二月一日カイロ宣言が出された。これにより連合軍の優勢は決定的となった。十二月十五日、ラバウルの孤立化が始まった。

十二月に入ると、学童の疎開が促進されるようになった。二十一日には都市疎開実施要綱が発令され、都市民の疎開も始まった。空襲は慢性的になった。都市に住んでいることは、死と隣り合わせの毎日を送ることと同義となった。この頃になると都市の食料不足は極限に近づいていた。たまゑの耳にもこのような惨状は多く聞こえてきていたことだろう。

姫路も昭和十八年に入ると、他の大都市同様、空襲にさらされるようになった。海軍第二衣糧廠は、昭和二十年（一九四五）七月四日の早暁に空襲で庁舎を含む主要部分がすべて焼失してしまう。死者も多数出た。この時、たまゑがここにいたら、命を失っていたかもしれない。だが、この時たまゑはここにはいなかった。

神様からの突然のお告げ――「満州へ行こう」

姫路の海軍第二衣糧廠で部外指導員として働いていた時、神様が突然たまゑに意外なことを言われた。昭和十九年の初めだった。

「代よ、満州へ行こう。日本にいても悪くなるだけだ。神様はみんないなくなって、日本は空っぽだ。神風はもう吹かんよ。日本は昭和二十年の八月十五日に戦争に負けるから、二十五日に帰ってこよう」

たまゑは無茶を言われると呆れてしまった。さすがに「何も知らないところへどうして行くのですか。そんなところへどうやって行くのですか」と駄々をこね、神様に反抗した。たまゑはこの頃になると、神様と喧嘩をしたり反抗したりできるようになっていた。

たまゑにとって満州は噂には聞いていたが、未知のはるか彼方の土地だった。そのような土地に若い女性の身空で行くことには抵抗があったにちがいない。しかし神様は「理由は今は言えない」と答えられただけだった。

この話は、神様の日本敗戦予言として注目されるが、敗戦の日が正確であることに驚いてしまう。当時、敗戦の日を知っていたのはたまゑだけだったのかもしれない。

また神様が「神風はもう吹かない」と言われたことも注目に値する。この頃、神風が吹くと信じていた者は多かったからだ。神風信仰は蒙古襲来（一二七四、一二八一）以来の伝統で、日本人の狂信と化していた。敵機に突撃し自爆する飛行機は、神風特攻隊と称されていた。

日本が戦争に負けると知ったたまゑは落胆したが、半信半疑だった。子どものころから神州不滅を教え込まれていたたまゑは容易には信じがたかった。日本が負けるとは思えなかった。

たまゑはこのことは決して口外しなかった。戦前、「日本が負ける」などと口にすれば、たちまち周囲から白眼視され、「非国民」と罵《ののし》られたからだ。場合によっては憲兵に連行されもした。日本ではそれほど「敗戦」という言葉はタブーだった。

私は「神様が今は言えない」と言われた「理由」を次のように考えている。

日本は昭和十八年の六月から、米軍の本土空襲が本格的に始まっていた。軍事工場は米軍の重要な標的のひとつだったので、ここで働いていると死ぬ確率が高かった。神様はそれがわかっていて、たまゑの命を守るために、たまゑを疎開させようとされたのではなかろうか。

当時、満州は空襲がないだけ、本土より安全だった。しかも軍の関係で働いている限り、衣食住は保証されていた。給料も出たので、実家に仕送りもできた。

不思議なことだが、神様が言われたすぐあとで、満州で関東軍の軍属を募集していることがわかった。募集については神様が教えられたのかもしれない。応募者数は多かったので、受かるとは思えなかったが、受けてみると意外なことだが受かってしまった。たまゑがこのことを家族に知らせると、家族の者は驚き、誰も容易には信じなかった。

合格の通知が届くと、あれよあれよという間に満州に渡ることになってしまった。たまゑは海軍第二衣糧廠を辞め、昭和十九年二月十一日、他の合格者たちとともに大阪駅から満州へ旅立った。合格者は女子軍属の身分を与えられていた。年齢は十五歳から四十歳までと幅広く、人数は四十五人だった。全員が京阪神の出身者だった。

この日は特に大きな政治事件はなかったが、紀元節だった。たまゑは二十二歳になっていた。当時、東京から下関まで長距離列車が運行されており、一行はこの列車に乗ったと思われる。大阪は午前一時発だった。下関には十五時三十分に着いた。たまゑは御神璽を抱えて列車に乗った。

下関に着いた一行は、軍用船で釜山に渡ったと思われる。この頃、朝鮮に渡る人々は、民間の連絡船、関釜《かんふ》連絡船を利用していた。しかし軍関係者の移動であるから、機密保持のために、民間船は利用しなかったのではなかろうか。

関釜連絡船に乗ると、所要時間は約八時間だった。午後十時三十分発、午前六時着だった。

一行も夜まで時間を潰し、夜に舟に乗り、翌日未明に釜山に着いたことだろう。

釜山駅は釜山港のそばにあり、港と直結していた。船は第二埠頭に接岸し、乗客は下船するとすぐに釜山駅へ移動し、第一、第二ホームで列車に乗り込んだ。

釜山と一行が目指した満州国の首都長春《ちょうしゅん》は、昭和九年（一九三四）に、南満州鉄道と朝鮮鉄道が直通鉄道を開通していた。一行はこの線を使ったと思われる。

当時、大陸列車が釜山から北京まで出ていた。これに乗ると、約四十時間で北京に着いたが、四十時間ぶっ通しで乗り続けることは肉体的に無理で、たいてい途中で一度下車し、一泊してから乗り継ぐのが一般的だった。

大陸列車は奉天《ほうてん》を経由して北京へ向かうが、長春へは奉天から別の線に入るので、ここからルートが異なってくる。一行は釜山から軍用列車を利用したのではなかろうか。日本軍の軍用列車は、前に数両客車がつき、その後ろに有蓋車《ゆうがいしゃ》と無蓋車《むがいしゃ》が付いているタイプと、手荷物車が付いているタイプがあった。

列車は朝、釜山を立つと、その日の夜に京城を通過し、次いで平壌《ピョンヤン》を通過、翌日の昼前に新義州《シニジュ》駅に着く。ここから鴨緑江《おうりょくこう》を渡って、満州国の安東《あんとう》に入る。安東には税関があり、この税関はうるさいことで有名だった。

極寒の満州での新たな生活

満州に入ると、列車は葉を落とした落葉樹と灌木の散見する荒漠たる雪原の中を走った。なにしろ真冬である。列車が北上するにつれて、寒さは増していった。満州は零下二十度以下になる。車内には暖房などなかった。防寒服は与えられていたが、それを身に着けていても防げない寒さだった。それはたまゑが日本で経験したことのない寒さだった。たまゑが育った土地は、冬に零下になることはあったが、せいぜいマイナス四、五度だった。

ちなみに私は冬山の経験者だが、零下二十度は何度も経験しているので、満州の寒さは実感として理解できる。マイナス二十度ともなると、素手をさらすと凍傷になるし、水分はすぐに凍り付いてしまう。立っていると寒さで足の底がジンジンしてくる。満州では放尿するとすぐ凍り付いて柱ができてしまうと言われていたが、これはいささか誇張が入っている。


行けども行けども雪原が続いた。たまゑはこのような荒漠たる広野は見たことがなかった。世の中にはとんでもないところがあるものだと思った。

鉄路の旅はとてもつらく、長時間座りづめだったため、体内の水分がすべて足の下に下がってしまい、足がパンパンに腫れてしまった。今でいうエコノミー症候群である。下車するときは靴が履けなかった。

列車は十三日の夜、奉天に着き、ここから京濱線《けいひん》に入り、翌日十四日の昼ごろ、新京《しんきょう》駅から二つ手前の孟家屯《もうかとん》駅に着いたと思われる。実に約二八七〇キロ、約六十時間の旅であった。途中下車して宿泊はしなかっただろうから、かなりの強行軍だった。

孟家屯駅で下車したならば、女子軍属の宿舎となる寮まで歩いて移動できただろうが、新京で下車すれば、寮まではかなり距離があったので、例えばトラックなどの移動手段に頼らねばならなかっただろう。新京駅から市電やバスが出ていたが、人数を考えると、孟家屯駅で下車した可能性が高い。

新京は満州国の首都で、街は大半が新しく建設されたものだった。駅の前から広々とした街路が直線に伸び、中心部はモダンなビルが建ち並ぶ、異国風の近代都市だった。

満州国の実質的な支配者は関東軍だった。関東軍司令部の建物は、新京駅から一キロほど南にある大同大街《だいどうだいがい》と新発路《しんはつろ》の交差点の北西にあった。名古屋駅を模った鉄筋四階建ての巨大な建物だった。ここは現在、中国共産党吉林省委員会が使用している。

満州の冬は日中でも零下十度ぐらいになる。駅を出ると寒気が肌を刺し、砂混じりの寒風が横殴りに吹き付けてきた。たまゑは過酷な気候の地に来てしまったことに驚いた。

一行は四、五人ずつ分散して寮に入った。寮は孟家屯駅の東側の洪熙街《こうきがい》にあったと思われる。ここは軍や政府関係の代用官舎が多く、孟家屯駅に近かった。

洪熙街は新京の中心部からかなり離れていた。繁華街や官公庁街ではなく、住宅地だった。いわゆる「離れ小島」で、中心部の繁華街へ遊びに行くと、夜は馬車が利用できないので、帰るのに不便だった。

洪熙街には中心部から市電が通じており、「第六官舎前」の停留所まで来ていた。バスも通じており、中心部に出るには交通機関はいくつかあったが、昭和十九年になると、戦況の悪化で繁華街は寂れており、男性たちも遊びに出かけることはあまりなかった。内地から芸人たちが来演することも減っており、女性の娯楽と言えば映画ぐらいだった。

映画といえば、洪熙街には満州映画協会（満映）があった。甘粕正彦《あまかすまさひこ》がいたところである。日本で有名な当時のスターは李香蘭《りこうらん》（山口淑子《やまぐちよしこ》）だった。

砂澤は「満州にいたときはお稲荷さんはおとなしくしておられた」と言った。五、六人が入った共同宿舎では、神様を祀ることさえ人目にはばかられたことだろう。

官舎の暖房はペーチカ（ロシアの暖炉）だった。寮の暖房は石炭を燃やした。炊事も石炭が燃料だったので、薪を使った日本とは勝手が違い、生活の苦労は絶えなかった。

こうしてすべてが日本とは異なる生活環境の中で、満州での新しい生活が始まった。

風船爆弾、「ふ」号兵器の製造に携わる

満州でのたまゑの仕事は「ふ」号兵器を製造することだった。この兵器は気球で、俗に「風船爆弾」と呼ばれていた。だが、風船といってもゴム風船ではなく、高級な和紙をコンニャク糊《のり》で幾重にも貼り合わせた巨大なものだった。和紙だから軽く、かつ丈夫で、水素ガスを満たしても容易に破れなかった。

この風船の下にゴンドラを吊るし、爆薬や爆弾を入れて飛ばすのだが、時間をセットしておいて、目的地に気球が着くと、所定の時間に爆発するという仕組みだった。

風船爆弾は早くから開発されていたが、太平洋戦争が始まったころから、開発が本格化した。日本本土では、太平洋沿岸、例えば千葉の海岸などからアメリカの西海岸に向けて飛ばし、現地で爆発させた。

本土では昭和十九年十一月七日から約七〇〇〇発が放たれた。この中には太平洋を渡ってアメリカ大陸に届いたものもあった。それが爆発し、五人の死者が出た。

この気球の構想を満州に招来し、内地とは異なる独自の目的で開発が進められることになった。その中心となったのが、近藤石象航技少佐だった。

満州では、「ふ」号兵器は、爆弾などを吊るす他に、人間を吊るして敵地に送り込み、偵察や奇襲をかけることを目的としていた。内地の風船気球が大陸弾道弾のお粗末な代用だとすると、満州の気球は空中レンジャー部隊のようなものだった。

そのために、風船は内地よりも小型だった。内地のものは直径十メートルだったが、満州のものは六・七メートルだった。対ソ連軍を想定して造られた。

近藤を中心とした気球の開発は、昭和十四年（一九三九）ごろから進められ、実験を繰り返してきたが、戦局が逼迫《ひっぱく》し、ソ連の参戦が現実味を帯びてきたため、いよいよ製造に入ることになった。たまゑたち女子軍属は、その製造のために内地から募集されたのだった。

「ふ」号気球部門は、関東補給監部（満州第三一〇〇部隊）の臣下にあった関東軍技術部（満州第六十三部隊）の第六科に属していた。関東軍技術部は補給監部に属し、最初五科にわかれて、兵器・機材の研究や改良、開発に当たっていた工廠だった。そこに第六科が新たに気球製造用に設置されたのだった。

第六科の設置は昭和十九年二月のことだった。たまゑたちが内地から派遣されたのは設置とほぼ同時期だったことになる。第六科は科長の泉三郎大尉と四人の幹部、六人の男子軍属、四十二人の女子軍属で構成されていた。

「ふ」号気球部門は第一班から第四班まであり、たまゑは第三班に配属された。第三班は原紙の裁断などを担当した。砂澤は「気球用の落下傘の難しい形を裁断していた」と言った。この落下傘は気球に吊るされた兵士が身に着けるものだった。姫路時代に鍛えた裁断技術が役に立ったのである。

たまゑは第三班の班長に指名された。当時の直属の上司だった山田芳明軍属は、「砂澤はしっかりしていたので班長を任せて大丈夫だと思った」と述べている。

気球製造の工場は孟家屯駅の西側にあった。ここはそばに飛行場があった場所で、飛行部隊が駐屯していた。この辺りは資材置場や倉庫が多かったので、これらの建物が借用されたのだった。

気球製造は、基礎訓練を行なって仕事に習熟することから始まった。

第一班の仕事はコンニャク糊の製造と紙を貼り合わせることだった。第二班は原紙を柔軟にし、乾燥させることだった。第三班は原紙の裁断と貼り合わせ、そして仕上げの作業だった。第四班は検査と補給と塗装作業だった。作業は困難を極めた。

技術面では原紙の貼り合わせが特に難しかった。紙質が悪く、作業に影響が出た。作業面では、乾燥用の張板の表面に塗られた漆《うるし》が女性たちを悩ませた。ほぼ全員が漆にかぶれてしまったからだ。

生活環境も過酷で、戸外は日中でも零下十五度近くまで下がるというのに、工場内は暖房が十分に効いていなかったため、寒さに耐え続けなければならなかった。女性たちはヒビやアカギレに悩まされ、厳格な作業に涙をこらえ、歯を食いしばって耐えねばならなかった。

そのような過酷な条件にもかかわらず、戦局悪化のために、幹部は作業を急がせた。休日などまったくない日々が続いた。

相次ぐ爆発事故

春になった。冬季の訓練はようやく実を結び始めた。気球は原紙の関係で外観は不細工だったが、ひとつひとつ完成していった。

日本本土は米軍の空襲にさらされ、末期的状況を呈しはじめていた。大都市では疎開が始まった。住民は飢餓状態に苦しんでいた。米はおろか代用食すら手に入らなくなり、藁や虫、野草までが「決戦食」として食べられるようになった。道路は畑に変わっていった。満州はそこまでは進んでおらず、食料はまだあった。

三月、インパール作戦が開始されたが、補給なき進撃を続け、多くの死者が出た。六月六日、連合軍はフランスのノルマンディーに上陸した。国内では北九州が空襲された。新聞はこれらの情報を正確には伝えなかった。

冬は木立が樹氷や霧氷の花を咲かせたが、早春には野はことごとく緑となり、楊の緑とともに杏の花が美しく咲いた。柳絮《りゅうじょ》が雪のように飛びはじめた。四月下旬から五月いっぱい、満州の春は百花繚乱として、小鳥のさえずりがかまびすしかった。

満州は広大で、見渡す限り続く畑や原野の果てに、夕方大きな赤い夕陽が沈んだ。落陽は美しかった。まさに赤い夕陽の満州がそこにあった。

五月になると、機動第二連隊によって、気球を飛ばす訓練が国境近くの平安鎮の台地で始まった。最初は物量輸送実験、次いで兵員を搭乗させての飛行実験が始まった。実験はほぼ順調に進んだが、最後になって前田曹長という搭乗員が着地に失敗し、風下に流されるという事故が起きた。生きて帰ってこられない恐れが十分にあった。

他の隊員がトラックで追いかけたが追いつけずに帰ってきた。前田曹長の安否が気遣われたが、前田は七時間後に元気で帰ってきた。自分で気球を操り、接地して、そこから歩いて帰ってきたのだった。

機動第二連隊は五月末機動第一旅団として再編された。太平洋の戦局は悪化し、六月十五日、米軍はサイパン島に上陸した。機動第二連隊は急遽サイパン作戦への参加を命じられた。しかし釜山まで移動したとき、サイパン島の防衛は不可能となったため、再び吉林へ引き返した。戦局に翻弄されたのである。もはや、気球どころではなかった。

サイパン島は七月七日に陥落し、十八日東條内閣は総辞職した。八月には一億国民決起武装が決定したが、米軍はグアム島に上陸した。

九月八日、風船爆弾による米本土攻撃のため気球連隊の臨時動員が決定し、それを受けて、九月下旬、気球作戦の実行を担う気球連隊が新たに編成された。

この計画に使用される予定の気球の数は一万五〇〇〇個だった。そのために使用する和紙の入手が困難になるなど幾多の障害が生じた。

九月、米軍はマニラ方面の空襲を開始し、グアム島は陥落した。十月に入ると、沖縄で航空戦が始まり、フィリピンのレイテ沖でも決戦が始まった。十一月、本土では「ふ」号作戦が開始された。十一月三日、気球の第一回発射が行なわれた。

満州の冬の訪れは早かった。冬将軍は十月に訪れて、雪が降り始め、厚い氷が張り、結氷は四月初旬まで続いた。寒気は針のように頬を刺した。

厳寒の中、気球の製造は急ピッチで進んだ。その最中、十一月のある日、気球が爆発するという大事故が起きた。それは気球に水素ガスを注入し、気密度の検査をしていたときだった。

この頃、第六科は検品のために天井の高い建物が必要で、砲厰を借りて使用していた。気球が八分どおり膨れ上がったとき、「パアーン」という爆発音がして、閃光が閃いた。すぐさま激しい爆発が起き、熱風が襲ってきた。天井の辺り一面に青白い炎の層が渦巻いていた。恐怖に襲われた女子軍属たちは、半狂乱の態に陥った。この時、現場にいたのはたまゑの上司だった山田芳明軍属と女子軍属十人だった。

すぐに消防班が駆けつけて消火に当たったが、効果は乏しく、砲廠は焼け落ちてしまった。山田軍属は気を失い、その場に倒れてしまった。女子軍属にも負傷者が出た。兵器、資材などに多大な損傷が出た。

だが、この火災事件は驚くほど軽微な処分で終わった。上司は最大三日の謹慎で、山田軍属は処罰なし、女子軍属もお咎めなしだった。これは、気球づくりを急がねばならないために、現場の士気を落とさないための配慮だった。

たまゑは現場にいなかったが、砂澤はこの事件について、「軍隊というところは厳しかったにもかかわらず、いいかげんなところもあった。気球が爆発したがうやむやにされてしまったことなどはそのいい例だった」と言った。なお、砂澤は気球は何度も爆発したと言っている。だが爆発があっても上司も女子軍属も再び気力を回復し、気球製造に邁進した。

日本は十一月。B29が東京を空襲し、レイテ戦が放棄された。

満州の悲惨な生活

気球製造の作業は休みなく続いた。女工たちは外出すらままならぬ生活を送り、街に遊びに出ることもなかった。出かけるにしても繁華街は市の中心部にあったので、出かけるのが大変だった。また男性向けの娯楽店の前に立っていると、それだけで襲われると言われていたので、女性にとって繁華街は危険な場所だった。もっとも昭和二十年になると、繁華街は火が消えたように活気を失っていた。たまゑは二十三歳になっていた。

気球製造は孟家屯駅の西側の工廠で極秘に行なわれていた。隣に一〇〇部隊（イチマルマルと読んだ）の広大な営舎があった。ここは飛行場付きだった。

女子軍属は軍人たちとは口もきけなかった。軍人たちからのいやがらせもよく受けた。それはひどいものだった。

新京では、いや新京に限らず満州はどこでも、死体が転がっていた。軍事訓練はそのような場所でも平気で行なわれた。門の前で訓練が行なわれているとき、軍人たちは女工たちの目をわざと死体が転がっている方へ向けさせるといった悪質ないたずらをした。軍人たちは女工たちが「キャー」と叫び声を上げるのを見て楽しんでいた。

ある時、その悪ふざけに腹を立てていたたまゑは、軍人たちに反抗して、同じような仕返しをしたことがあった。満州へ行ってもたまゑの気の強さは健在だった。

一年近く満州にいると、外出はしなくても、満州の人々の生活の実態がわかってきた。それは悲惨なものだった。砂澤は次のように語っている。

「満州は貧富の差が極端なまでに激しいところでした。金持ちは車を乗り回し、お妾《めかけ》さんをたくさんこしらえて派手に暮らしていましたが、大多数の人々は生まれたときと死ぬときだけ身体を拭いてもらえ、あとは一生に一度も風呂に入らないような生活でした。みんな垢と油にまみれて真っ黒でした。

食べ物にしても、ご飯は食べられず、雑穀のおかゆを飯盒《はんごう》に詰めて工場に来ていました。服はたいがい夏用と冬用の二着しか持っておらず、着た切りスズメでした」

この雑穀とは高粱《コーリャン》のことである。日本人は食べ物において満人と自分たちを区別していた。自分たちは白米を食べ、決して高粱などは食べなかった。高粱は昔から満人の常食だった。

砂澤はまた「満州の冬は激しい寒さでしたから、死体が腐るほどのことはないので、死者が出ても郊外にそのままほったらかしにされていました。男たちは結婚するために働きましたが、結婚すると奥さんに鉄輪をはめて家の中につなぎ止め、逃げ出さないようにしていました。代わりに家事も男がやっていました」とも言っていた。結婚生活がこのようなものだったかは疑わしいが、死体が放置されていたことは確かである。

砂澤は、「自分は現地の人たちの厳しい生活を見るために、満州へ行かされたのだ。こうした悲惨な生活を知って、日本人の生活はどれほど贅沢なものかということを実感した。こういうことを知ることも行のひとつだったのだ」と言った。

日本の貧しい農村で生まれ育ち、幼くして女中奉公に出、さんざん苦労をなめた人間が、自分の生活は贅沢なものだったというのだから、満州の人たちの生活のひどさは想像を絶する。

ただ砂澤の回想は、満人の悲惨な生活のごく一部を語っているにすぎない。新京以外の農村部の人々の生活はさらに悲惨だった。

日本人は満州に移住して、自分たちの集落をつくるために、満人を追い払い、彼らの集落を焼き払った。そのうえ農産物を搾り取ったので、満人は飢餓状態に陥り、死者が続出した。死体は埋葬されず、放置されたままだった。

農村では着物も布団も持っていない家があり、零下三十度以下でも裸で生活している子どもたちがいた。赤ん坊も裸で草を敷いた「えずと」の中に、投げ入れられていた。零下三十度以下で裸だととても生きてはいけない。すぐに死んでしまう。死体がいたるところに転がっていたのは当然である。

こうした状況だったため、盗匪《とうひ》が横行し、いたるところで強奪や殺人が行なわれた。アヘンの吸飲による死者も多数に上った。満人や中国人はアヘンを吸った。日本はこのアヘンを彼らに売り、莫大な収入を得ていた。いたるところに公営の官煙所を設け、ここでアヘン中毒者が毎日のように道端で死んでいった。

工場で現地人は強制労働させられたが、生産が上がらないと、殴り殺されることがあった。食べ物から座席、給料まで、日本人とそれ以外の人々は、はっきりと差別された。日本人は自分たちだけで固まって暮らし、行きつけの店なども別だった。新京などには日本人専用の店がたくさんあった。

満州での二度目の春

気球製造の工場のそばに、一〇〇部隊の飛行場付きの営舎があった。この部隊は、細菌による残虐な人体実験を行なっていたことで悪名高い「七三一部隊」の分派だった。

たまゑは毎日その営舎の門の前を通っていたが、一〇〇部隊については何も語っていない。おそらく内部で何が行なわれていたのか知らなかったのだろう。

一〇〇部隊の営区は東西一・五キロ、南北二・五キロの広さがあり、主要な建物のある区域は、三メートルの高さの通電フェンスで囲まれていた。徴兵が哨戒し、通行証なしには中に入れなかった。フェンスの中には一〇〇あまりの建物が点在していた。およそ六〇〇人から八〇〇人の隊員が勤務していた。

　ここは昭和十一年（一九三六）にできた関東軍軍馬防疫廠が母体で、表向きは動物の病気予防の研究を行なっていることになっていたが、内実は細菌戦の研究を行なっていた。細菌の製造、細菌兵器の研究と開発などだった。そのために現地人を使って、人体実験を行なっていた。現地人は「丸太」と呼ばれていた。その残虐さは有名である。これは七三一部隊も同じだった。

　一〇〇部隊は気球爆弾に細菌を搭載し散布して、敵や現地人を殺す計画だったこと、実際に気球ではなく飛行機を使って野外実験を繰り返していたことが戦後に明らかになっている。そばに飛行場があったのはこういった目的のためでもあった。

　散布は新京の郊外や満ソ国境で行なわれていた。その影響によるものなのか、新京周辺の諸県では何度もペストが発生した。

　結局、風船爆弾は最後まで発射されることなく終わってしまったので、細菌戦に使われることはなかったが、使われていたとすれば、多くの被害と死者が出ていただろう。内地とは違う目的で気球が使われようとしていたことは明らかである。

　昭和二十年が明けた。たまゑは二十三歳になっていた。この年の一月八日、米軍はルソン島に上陸を開始した。ニューギニアなどでは、日本軍の回天特別攻撃隊による特攻が始まった。神風特攻隊に次ぐ決死の肉弾戦で、もはや破れかぶれだった。空襲は続き、伊勢神宮も被弾した。ワルシャワが解放され、二月四日、ヤルタ会談が行なわれた。十九日、米軍は硫黄島に上陸し、三月十七日硫黄島は全滅した。同月九日、東京大空襲があり、次いで大阪、神戸、名古屋と続いた。

昭和二十年三月、気球製造に従事し熟練の域に達した三十余人の女子軍属たちは、技術部研究部門に残留することになった十名の同僚と別れて、第三一〇〇部隊の中に設置された気球製作部に移った。ここに新たに募集された五十数人の女子軍属が加わり、本格的な気球増産体制が敷かれた。

また新しい作業場として新京内の映画館が接収され、霧島女子高の生徒が動員された。本土で「ふ」号気球製作のために多くの女学生が動員されたのと同じである。

しかし気球の実践を担う部隊は、南方や本土への兵力転用によって弱体化し、ついに実践に従事することなく終わってしまうことになる。それでも気球は造り続けられた。

たまゑは満州で二度目の春を迎えた。寂れ果てた新京の町で、最後まで飛ぶことのなかった気球の製造を続けていた。

春以降、米軍は沖縄に上陸し、本土決戦が叫ばれるようになった。日ソ不可侵条約は破棄され、国内の港や海峡は機雷の封鎖が進んだ。五月、ドイツが無条件降伏し、一億玉砕が叫ばれ、国民義勇兵構想が打ち出された。飢餓地獄が蔓延していた。

七月十七日にポツダム会談が行なわれ、八月七日、広島に原子爆弾が投下された。九日には長崎にも投下され、十五日に日本は終戦を迎えることになる。

第六章　引き揚げ

新京からの脱出

昭和二十年（一九四五）の夏になった。本土の悲惨な状況は新京にも伝わっていた。満州の情勢も日増しに緊張を高めていた。ソ連が対日参戦し、満州に攻め込んでくる恐れが強まっていたからだ。

それが現実になったのが八月九日だった。この日の早朝、ソ連軍が国境を越えて満州に進攻してきたのである。新京の街では、未明に突然空襲警報が鳴り、市民を驚かせた。市民は朝になってそれがソ連の参戦を知らせるものであることを知り、不安に駆られた。

関東軍は通化《つうか》への撤退を決めた。司令部は各地の部隊を見捨てて、さっさと通化に移動してしまい、各部隊と何十万の在留日本人を置き去りにしてしまった。

第三一〇〇部隊気球製作部は、目まぐるしく変わる上部の指示に翻弄され、通化へ移動するのか朝鮮へ撤退するのか決めかねていたが、製造済みの気球や器具資材のいっさいを破壊して、十二日の朝、新京を出発し、朝鮮へ向かうことを十一日の夜に決定した。

その夜、近藤航技少佐は、自室に男子軍属を集め、今後の方針を伝えた。全員動転し、言葉もなかった。この時、数人が残留し、気球を破壊することに決めた。任務を引き受けたのは、山田芳明他三人だった。

この時、山田は近藤に、「女子軍属を必ず内地に送り返してほしい」と申し出た。近藤は、「何が起きるかわからないが、最善を尽くす努力をする」と約束した。山田は残り、作業が完了すると一行のあとを追うことになったが、それは死を意味した。

その後、たまゑたち女子軍属は、新京を脱出し朝鮮へ向かうことを上司から告げられた。日本の敗戦と一年半に及ぶ苦難の作業が無に帰したことを知り、全員悔し涙に暮れた。

新京を脱出したのは、軍や政府の家族が一番早かった。彼らは一般市民より情報が早く入っており、かつ身軽だったからだ。早い人で九日の夜にすでに撤退を決め、十日の早朝に新京の駅に行っているが、列車は交渉に手間取り、なかなか出なかった。引き上げの第一列車が出たのは、十一日の午前一時だった。

気球製作部一同は十二日の朝、最寄りの駅に集合し、トラック六台を貨物列車に積載して、通化を目指し新京を離れた。乗車駅は新京か孟家屯かは不明である。新京の各駅は引揚客や避難者でごった返しており、人々が右往左往していた。まさに阿鼻叫喚のるつぼだった。十二日の夜は街が燃えており、日中のように明るかった。

新京から通化へ行くルートは、西へ行くと四平《しへい》街、東へ行くと吉林《きつりん》を経由して、梅河口《ばいかこう》から梅輯《ばいしゅう》線で南下する。通化はこの線の途中にある。通化に政府が移るので、軍の関係者はおもにこのルートを使った。引き上げのルートは、通化に向かうこの二つのルートの他に、四平街からさらに西へ行き、奉天を経由して南下するルートがあった。このルートを利用したのは一般市民が多かった。

列車はなんとか出発したが、遅々として進まず、難渋を極めた。列車は各駅に停車し、長時間待たされた。梅化口駅で六時間停まった列車もあった。乗客は列車が停まると、下車して駅の周辺で買い物をして、食糧などを入手した。

列車の中では、カンパンなどの食料は持っていたので空腹はかろうじて抑えることができたが、水が少なくて苦労した。移動中に雨が降ったが、雨が上がると、夏なので日差しが強く、喉がしきりに乾いた。梅干しが二つあったので、それをしゃぶりながら喉の渇きを癒やした。用便も大変だった。停車中に列車から降りて、人目を忍んで用を足すことの繰り返しだった。

しかし一行は成人だけの集団だったので、一般の引揚者たちに比べるとまだ恵まれていた。一般の人々は幼児や老人を連れていることが多かったので、その分苦労が多かった。移動する途中で、多くの幼児や子どもたち、老人たちが死んでいった。

外地で聞いた玉音放送

一行が通化にいつ着いたのかは不明だが、十五日には通化にいたというので、十四日の夜までには着いていたことは確かである。

満州国皇帝の溥儀を乗せた列車は、十三日の深夜に新京を出て、同日夕刻には通化に到着しているので、順調に運行されれば一日弱で新京から通化まで移動できた。したがってこの間はさほど長い距離ではない。

通化は当時、吉林省に属していた。朝鮮に近い町で、鴨緑江がかなり近くを流れている。満州政府は満州の南端の奥地まで撤退したのだった。

一行はここで持ち出して運び込んだ機密書類を焼却した。終戦を告げる天皇の玉音放送を聞いたのも通化だった。外地では放送はよく聞き取れなかったので、誰かがその趣旨を告げたにちがいない。

内容を知って、全員呆然自失の態だった。負けないと信じていた日本が負けたのである。これまでの苦痛に満ちた作業はいったい何だったのだろう。何も報われることなく終わってしまった。涙が止まらなかった。たまゑは涙に暮れながら、日本を出るとき、神様が言われたことは本当だったと思った。本当に昭和二十年八月十五日に日本は負けてしまったのである。

上司はたまゑに、「日本が負けて一番悔しい思いをしているのは尾下君だろうな」と言ってくれた。その言葉を聞いて、たまゑは「そのお言葉だけで充分です。もう何もいりません」と答えた。日本が負けることは早くから知っていたにかかわらず、そのことは口には出さず、たまゑが必死になって仕事に打ち込んでいたことが上司の発言で明らかである。

皇帝溥儀の一行は、通化には留まらず、ここからさらに鴨緑江に近い大栗子《だいりっし》という辺鄙な町に向かった。ここで十八日に退位を表明し、満州国は幕を閉じることになった。通化は八月九日から十八日までという非常に短い期間ながら、満州国の首都だったのである。

一行は通化から軍用列車に便乗し、梅輯線で一路南下して朝鮮を目指すことになった。出発日はいつだったか不明である。線路は混み合っており、ダイヤは乱れに乱れていたので、列車の手配や交渉に手間取ったのではなかろうか。

列車の手配がすむと、一行は列車に乗り込んだ。ここから満州南端の輯安《しゅうあん》駅に至り、鴨緑江にかかっている満浦鴨緑江橋を渡って対岸の満浦《マンポ》に達した。満浦駅から満浦線に乗り換え、平壌に向かった。すでに朝鮮は独立していたので、日本軍の命令は効かず、列車の手配や交渉は思いどおりにはいかず、困難を極めたのではなかろうか。また列車に乗り込んでも、列車は思うようには動かなかっただろう。

砂澤は「馬を運ぶ貨車に乗った」と言った。列車では朝鮮出身の軍人と乗り合わせた。気球部隊に朝鮮の出身者がいたので、この人だったかもしれない。ときどき馬が顔を出す隙間から頭を出して辺りの様子を窺った。

列車は緑鴨江を渡り、朝鮮に入った。朝鮮を南下しているとき、朝鮮は独立した直後だったので、停車する駅ごとに、いたるところで青龍刀で武装している朝鮮兵を見かけた。よく連行されず危害を加えられなかったものである。

朝鮮は十五日に独立した。十六日、日の丸に代わって朝鮮の国旗が掲揚された。いたるところで「万歳」が響き渡った。各地にただちに朝鮮の武装兵が配備された。「日本人は殺せ、帰すな」という怒号が響き渡った。朝鮮にいることは日本人にとって危険になってしまったのである。現に金品・財産を強奪されたり、暴行を加えられたり殺された日本人はたくさんいた。

朝鮮に入ると、日本円は使えなくなった。たまゑはたくさんの日本円を持っていたが、リンゴひとつ買えず、道中飲まず食わずで過ごした。この時に、断食の経験が役に立ったにちがいない。少なくともたまゑは他の人より空腹に強かったと思われる。

平壌にたどり着いた一行は、ここで列車からトラックに乗り換え、一路南下した。平壌に着いたのは何日だったか不明である。ただ二十四日に三十八度線が設定されたので、これ以後、北朝鮮にいる人は南朝鮮に移動できなくなった。したがって一行は、その後の移動の経緯から推察して、二十一日ごろには平壌に入っていたと思われる。二十四日にまだ北朝鮮にいた人たちは、この日を境にすぐ日本に帰れなくなってしまった。そのために北朝鮮に滞留してしまった人はたくさんいた。

トラックに何日乗っていたかは不明だが、数日かかったにちがいない。まだ道路が舗装されていない時代のことで、しかも道は狭く、混雑を極めていたので、容易には走れなかっただろう。ボロ車だったから、車を休めるために、ときどき走るのを止めねばならなかった。妨害も受けただろう。

なにしろ舗装されていない道であるから、荷台は揺れに揺れ、乗っているだけで尻や体が痛くなったにちがいない。とてつもない苦行だった。

しかし、平壌から列車で移動していると、進行が難渋を極めたので、二十四日に北朝鮮から出られなかったかもしれない。しかも北朝鮮では、二十四日から列車の運行がソ連軍によってほとんど禁止されてしまった。その意味でまさに間一髪だった。トラックを列車に積み込んで運んだことが、一行の命運を分けたのだった。このような対策は軍関係者にしかできなかった。

一行は難行を重ねて、ついに二十四日に釜山《プサン》に着いた。これがいかに迅速だったかは、十一日の朝に新京を出たある公務員の家族が、二十四日にまだ北朝鮮にいたことと比較すると明らかである。気球部隊の一行は、軍の関係者（近藤少佐）が引率していたので、途中までは命令と融通が利いたのだろう。

一方、新京に残って気球を二日がかりで焼却した山田軍属たちは、トラックで新京を脱出し、銃撃を受けながら、車を乗り継ぎ、列車に便乗して朝鮮にかろうじてたどり着いた。新京はすでに満州国軍が反乱を起こし、銃声が響き始めていた。

釜山港からの脱出

一行が釜山にたどり着いたのは二十四日だった。

釜山の駅や港は引揚者でごった返していた。駅や港の周辺は、内地へ持ち帰れないので捨てられた食料や物資が山のごとく積まれていた。

釜山港は昭和二十年になると、米軍の機雷投下によって、船舶の運航に支障が生じていた。八月に入ると、釜山の街は連日敵機の襲来を受け、多大な家屋の倒壊と死者が出ていた。市民は空襲警報に脅かされて、夜もおちおち眠れなかった。

空襲は八月十五日を境になくなった。しかし港は機雷が除去されておらず、船の運航は依然として危険な状態が続いていた。

釜山に着いた一行は、これで日本に帰れると安堵したが、それも束の間だった。米軍からある禁止令が出ていたのだ。それは砂澤によると、「二十五日をもって全船渡航を禁ずというマッカーサー元帥の命令」だった。一行はそれを知って愕然とした。これで運も尽きたと絶望した。

だがこの砂澤の記憶はやや不正確である。実際には米軍の命令は「二十四日午後六時を期して百トン以上の船は渡航を禁ず」だった。しかも釜山・博多間、釜山・仙崎《せんざき》間の連絡船だけは除外されていたのである。二十五日をもってすべての船が渡航を禁じられたのではなかった。

一〇〇トン以下の船というと、機帆船が多かった。機帆船は推進用の動力として熱機関を併用した帆船で、木造である。積載人員は一〇〇トンの船で最大二〇〇人ぐらいである。小さな船だから暴風雨などに弱く、壊れやすく流されやすいので、韓国から日本へ渡る長距離の渡航には適していなかった。釜山の港には、こういった機帆船が数多く停泊しており、行き先を示す幟《のぼり》を立てて、乗船客を待っていた。料金を取って人を運んでいたのだった。実際に機帆船で日本に帰った引揚者は多かった。

この手段で本土に帰ろうとした引揚者の中に、朝鮮総督夫人一行がいた。一行が機帆船に乗ろうとしたのは十七日のことだったから、軍部や政治家はかなり早くから事態を見越して動いていたことになる。ところがこの一行は荷物を積みすぎたために、途中で船が沈没しそうになり、海に荷物を捨てて、かろうじて釜山港に逃げ戻り、命拾いした。これは人々の失笑を買った。物欲の醜悪さの見本である。

連絡船は機帆船とは異なり、煙突とマストを供えた大きな汽船である。収容人員も一〇〇〇人近くと多かった。連絡船は、下関と釜山を定期的に行き来していた関釜連絡船のことだった。だが連絡船は五月ごろから機雷や米軍の攻撃のために、ほとんど釜山港へは入れなくなっていた。また下関が機雷で封鎖されていたために、日本での港を仙崎に変更し、さらに港を変え航路もたびたび変更していた。

そのために、終戦後は二十日に興安丸《こうあんまる》、二十二日に徳寿丸《とくじゅまる》が釜山に入港してきただけだった。一行が着いた二十四日は、幸運なことに、徳寿丸が二十三日に出港しておらず、まだ港にいたのである。一行はこの船にかろうじて乗り込むことができた。

二十四日の午後六時以降は、連絡船と一〇〇〇トン以下の船しか運航が許されていなかったので、二十三日か二十四日の朝に徳寿丸が出港していたら、一行はその日の夜に乗船できる安全な船がなく、港に取り残されてしまっていただろう。

それにしてもよく乗ることができたものだ。この日、徳寿丸に乗れず港に取り残された残客は二〇〇〇人を超えたというから、やはり運が良かったのだろう。引率の近藤少佐が港側との交渉に当たったのだろう。日本は敗れたが、軍人の顔はまだ効いたのである。船は軍関係者が押さえたのだった。

この時、徳寿丸に乗船したのは、鉄道その他特殊関係者がほとんどだったというから、主に軍や政府の関係者たちで、一般の人はいなかったようだ。一般の引揚者が帰国するのは九月に入ってからだった。

その後、連絡船は釜山港に九月一日まで入港してこなかった。その間に引揚者はどんどん増えていき、乗船希望者はたまりにたまり、希望どおりすぐに乗船できなくなってしまった。徳寿丸に乗れていなければ、一行は九月一日以後もかなり長い間釜山に留め置かれただろう。

この時のことを、砂澤は、「港をウロウロしていると、『和田山や梁瀬の人はおらんか』と、軍人さんが叫んでいた。清水中尉という人だった。私が申し出ると、自分の代わりに船に乗り込めと言われた。私の身代わりになってくださったのです」と言っていた。

この回想は、たまゑがひとりで行動していたように受け取れるが、実はそうではなかった。たまゑは女子軍属の一行と行動を共にしていたのである。

またこの言葉から、港で引揚者の乗船を取り仕切っていたのは軍人だったという印象を受ける。この時、日本軍はまだ解体されていなかったので、新生朝鮮が誕生していたとはいえ、日本の軍人が港で日本の引揚者をさばいていたとしても何ら不思議ではない。特に軍の関係者は軍人が乗船の手配に当たっていた可能性は高い。

だがこの時、釜山港の日本人引揚者の乗船を受け持っていたのは、釜山の日本人世話会の人たちだったかもしれない。九月以降は釜山の日本人世話会がその任務を遂行していたが、終戦から八月末までも世話会が非公式に受けもっていた可能性があったからだ。

偶然の符合かもしれないが、この世話会の中に清水という姓の男性が二人いた。清水雲治と清水正雄という人で、後者は釜山案内所で計画係だった。乗船の手配に当たっていたはずなので、清水中尉は軍人ではなくこの人だったかもしれない。清水はその後、梁瀬のある兵庫県の山東町に無事帰ってきたという。

一行を乗せた徳寿丸は二十四日の夜、釜山港を出港した。港内は機雷が浮いており、接触の恐れがあった。緊張した航行が続いた。徳寿丸は三六一九トンの船で、搭載人員九四五人だった。大正十一年十一月十二日に就航し、昭和三十二年七月まで活動した。

遍照寺に身を寄せる

徳寿丸はかろうじて釜山港を脱出した。船は翌日、山口県長門市仙崎港に着いた。船は通常なら下関港に向かうのだが、関門海峡は機雷によって封鎖されていたため、仙崎港が本州の寄港地として代用されていたのだった。しかし仙崎港も機雷がたくさん浮かんでおり危険だった。

それまでに接触して沈んだ船もあった。

仙崎港は萩と下関を結ぶ日本海有数の良港である。大きさは六〇余平方キロにおよぶ。戦時中は軍需物資の輸送基地だった。港の堤防をなす青海島《おおみじま》は名勝で、風光明媚な場所である。船は入港して直接接岸したのではなく、港外で停留し、数日間検査を受けたと思われる。後続の引揚者は全員この手続きを経て上陸しているので、軍関係者も例外ではなかっただろう。

所定の手続きを終えた一行は、分散して小さな船に乗り換えて、岸に向かった。砂澤は、「港に入ったとき、まだ暁《あかつき》部隊がいた」と言った。小さな船を操船していたのはこの暁部隊の人たちだったのではなかろうか。

暁部隊とは船舶工兵のことである。戦中は敵前上陸を担当する花形部隊だったが、戦後は本来の任務がなくなってしまったので、港外に停泊している船の物資を「ダイハツ」と呼ばれていた小型船に積んで、岸で降ろす沖仲仕のような仕事をしていた。したがって船の客も運んでいたことだろう。

仙崎港の入口の周辺は、帰国しようとする朝鮮人であふれ返っていた。下関から連絡船が出ていなかったので、船が出る可能性がある仙崎港に回ってきていたのだった。五千人が収容できるバラック建ての待合所が急造されており、彼らを目当てにしたムシロがけの店が港の周辺にはできていた。

仙崎港に上陸した一行は、港の近くの遍照寺《へんしょうじ》に収容された。ここでおにぎりなどの食べ物を配給され、お堂に宿泊し、再び検査や取り調べ、入国の手続きなどを受けた。久しぶりに入浴もできた。戦後の引揚者はＤＤＴ（有機塩素系の殺虫剤、農薬）を嫌になるほど散布されたが、この時はまだ進駐軍がここまでは来ていないので、一行がＤＤＴを浴びたかは不明である。

遍照寺は当町出身の詩人・金子《かねこ》みすゞの墓がある場所として知られている。戦後、引揚者を多数収容しており、昭和二十一年（一九四六）の四月から七月の間に、四六四人がこの寺に世話になっている。遍照寺はその後焼失し、再建されて、寺の規模はかなり縮小されたという。今は小さな寺だが、戦後すぐは大きな寺で、本堂にはかなりの数の人を収容できたそうだ。

砂澤はこの寺に「二か月いた」と言っているが、これは変である。せいぜい数日だったのではなかろうか。船の中に滞留していた日数と併せても、長くて二週間ぐらいだろう。

なお、砂澤は「東萩の港に着き、トウショウジという寺に世話になった」と言ったが、これも調べてみると記憶違いだった。港は東萩の西にある仙崎港であることがわかったので、港の近くにある寺でトウショウジの音に一番近い寺を探してみると、遍照寺が見つかった。この寺が戦後引揚者の収容拠点のひとつだったことがわかったので、たまゑたちもこの寺に入ったのではなかろうかと推測した。

仙崎港から朝鮮人を満載した連絡船が出港したのは九月一日だった。この時、たまゑはまだ仙崎にいたはずである。船は翌日、引揚者を乗せて帰ってきた。これが仙崎港の引揚者受け入れの「公式第一便」だった。たまゑたちはその前に港に入った引揚者の例外だったのだ。

仙崎に引揚援護局ができたのは、昭和二十年十一月二十四日の制度設立のあとだった。最初は港のそばにある圓究寺《えんきゅうじ》と極楽寺《ごくらくじ》に本部が置かれた。本部はのちに近くの学校に移った。以後、仙崎は翌年の十二月まで引揚の中心地となった。

仙崎にある圓究寺や遍照寺には多くの引揚者が宿泊した。これらの寺だけでなく、一般の民家も引揚者を小人数ながら受け入れていたので、町の中は内地への引揚者や朝鮮へ帰る朝鮮人でごった返していた。

引揚者たちは所持品をほとんど持たず、衣服は汚れてボロボロだった。風呂には長期間入っておらず、多くの人がシラミを湧かせていた。長い間ろくに食べていなかったので、上陸して食べ物を買い込んで大量に腹に詰め込み、腹痛を起こして病院に駆け込む人が多かった。

上陸してから病気や衰弱のために死ぬ人もあとを絶たなかった。伝染病や性病にかかっている人も多かった。親を亡くして子どもたちだけが引揚者たちに混じっていたこともあった。

仙崎の援護局は昭和二十一年（一九四六）の十二月まで置かれていた。この間、町は引揚者の受け入れと世話に追われた。身寄りのない人や帰る場所のない人が長逗留することもあり、トラブルが絶えなかった。

郷里へ帰る

手続きをすませた一行は、それぞれ郷里へ帰ることになった。それは九月上旬だったと思われる。

仙崎には国鉄の駅があった。当時、正明寺《しょうみょうじ》駅といった現在の長門《ながと》駅から、ここまで引き込み線が出ており、戦時中、物資の輸送に使われていた。正明寺駅は山陰線が通っており、さらに厚狭《あさ》との間に美弥《みね》線が敷かれていて、この地方の交通の要衝だった。

引揚列車は正明寺駅から出ていた。京阪神や中部地方、関東地方へ帰る人たちは、ここから山陰線で下関に出て、ここで山陽線に乗り換えて帰郷した。たまゑは山陰線で逆方向の列車に乗った。山陰地方へ帰る人がどれくらいいたかわからないが、少なかっただろう。

列車は萩、松江、鳥取を経由して但馬へと向かった。山陰地方は比較的被害が少なく、昔の面影をとどめていた。一方、下関から山陽本線に乗り換えた人々は、焼土と化した日本の姿を目の当たりにした。

無蓋列車に揺られ、夏の日差しを受けて真っ黒になりながら、たまゑは満州での必死の過酷な労働の日々を思い出していた。まったく役に立たなかった労働だった。虚しさがこみあげてきた。自分は何のためにはるか満州にまで出かけていったのだろうか。

それはシャーマンの里帰りだったのかもしれない。たまゑはシャーマンだった。満州はシャーマンの原郷のひとつだった。たまゑはその原郷を見にいったのかもしれなかった。

夏の日差しとトンネルの煤煙で真っ黒になりながら、たまゑは故郷にたどり着いた。帰宅したたまゑの姿を見て、家族はびっくりした。長い間音沙汰がなく、満州国が滅亡したことを知って、てっきり死んだものと思っていたからだ。

砂澤は「帰ってみると自分の訃報が出ていた」と言っていたが、これは記憶違いである。敗戦間際の混乱期に訃報が出せるほど行政は動いていなかったからだ。

砂澤はやはり戦地に赴いていた長男についても、「帰ってみると訃報が出ていた」と言い、別のときには「長い間生死がわからなかった」とも言った。話がかなりあいまいだった。

弟の訃報は終戦時には出ていなかったと思われる。戸籍には昭和三十一年に兵庫県知事が戦死の報告を出しているからだ。これによると、「昭和二十年八月十五日、時刻不詳、中華民国三江省依蘭県宏克力附近で戦死」となっている。

三江省《さんこう》はかつて満州国にあった省で、現在の黒竜江省《こくりゅうこう》北東部に相当し、今は合江省《ごうこう》と呼ばれている。したがって長次郎は満州の黒竜江の付近で行方不明になったか死亡したようである。

砂澤は「長次郎は語学がよくできたので軍でその方面の仕事をしていた」と言った。ひょっとしたら、長次郎は斥侯《せっこう》（敵の状況や地形などを探るために部隊から派遣される兵士）の仕事をしており、ロシア軍に接触するか偵察中に殺されたか捕まったのかもしれない。捕まっていたらシベリアに送られた可能性がある。

長男の長次郎がいつ出征したのかは不明だが、昭和十八年（一九四三）五月十日に結婚しているので、それ以後のことだったと思われる。結婚したとき、長次郎は二十歳だった。その時、兵庫県の伊丹に住んでいたので、実家を出ていたことになる。妻は明石の人で、父はいなかった。夫婦には昭和十九年（一九四四）六月五日に長女が生まれているが、誕生のとき、長次郎が戦地に赴いていたかどうかはわからない。いずれにしても長次郎は幼い子どもを残して死んだのである。

これも戦争が生んだ無数の悲劇のひとつだった。

第七章　戦後の苦難の日々

マラリアに感染する

故郷に帰ったたまゑは虚脱状態で呆然としていた。これから何をすればいいのかわからなかった。

たまゑは日本が負けたという敗北感と屈辱感から立ち直れないでいた。神様は「日本は負ける」と言われ、そのとおりになったが、幼いころから神州不滅を刷り込まれてきたたまゑには、日本が負けたことが信じられなかった。

故郷は昔と変わっていなかったが、日本の大都市は軒並み焼土と化していた。日本は復興できるのだろうか。

故郷に帰る前、すでに占領軍が日本に上陸していた。占領軍は八月二十八日に第一陣が来日し、次いで三十日にマッカーサー元帥が厚木飛行場に到着した。飛行機のタラップから降りるその姿は大きく報じられ、日本人を畏怖させた。日本は米軍の占領下に置かれてしまった。九月二日、東京湾沖合のミズーリ号の船上で、日本の降伏文書が調印された。日本の事実上の敗北である。

たまゑは、急激に変化する政治情勢に戸惑いながら、この先どうすればいいのか迷っていた。すると追い打ちをかけるかのように、マラリアにかかってしまった。

マラリアは亜熱帯や熱帯地方に多い感染症で、四十度以上の高熱が出る。マラリアの病原体はマラリア原虫で、マハダラカという蚊が媒介する。

満州はマラリアとは無縁の土地だったので、たまゑが満州で感染していた可能性はなく、おそらく南方からの復員兵にマラリア患者がおり、その人から蚊によって日本で感染したのだろう。日本の夏は蚊が多かった。

戦後、日本では内地でマラリアが発生することが多く、約四十三万人の感染者がいた。三日熱マラリアは昭和二十一年（一九四六）と昭和二十二年（一九四七）に約七〇〇〇人の内地感染者が出た。

マラリアは数日おきに繰り返し高熱に襲われ、悪寒、震えとともに、頭痛や腹痛、呼吸困難などを併発する。重症化すると、脳症などの合併症を引き起こすことがある。

マラリアは南方に出征していた日本の兵士がよくかかった病気で、熱は三日で下がることが多いが、十日以上続くこともある。高熱が続くと髪の毛が抜けはじめることがある。漫画家の水木《みずき》しげるがそうだった。患者は高熱で体力を消耗し、死の引き金となった。

南方ではマラリア患者は「黒水病《こくすいびょう》」と言われた。小水から血の出る病気を併発し、死んでいく兵士が多かった。

マラリア患者の治療は、抗マラリア薬の経口薬を服用するが、重症患者はキニーネを注射することが一般的だった。

たまゑは四十二度の高熱が出た。驚いたことに、たまゑはキニーネなどの薬はいっさい飲まず、独力でマラリアを治してしまった。お稲荷さんが「ヨモギの汁に塩を入れて飲め」と言われたので、言われたとおりにつくって飲んでみると「治ってしまった」という。ヨモギは河原などどこにでも生えているので、薬代は一銭も使わずに治してしまったことになる。

医者にかかってキニーネなどの薬を投与されずにマラリアを治してしまったのは、たまゑだけだったかもしれない。

たまゑは病気になると医者に行かず、よく神様に聞いて治療法を教わって治していた。「神様は薬草などの知識が豊富だ」と砂澤は言った。

戦後の日本はマラリアだけなく、数々の伝染病が蔓延した。コレラ、赤痢、発疹チフス、パラチフス、ジフテリア、疱瘡、脳炎などである。これらの伝染病は、昭和二十二年（一九四七）

ごろまで撲滅されなかった。栄養状態が不良なうえに、衛生状態が最悪だったからだろう。これらの病で命を落とす人は多かった。

仕事のない日々

マラリアが癒えたたまゑは、仕事を探しはじめた。オダイの仕事は、御祈禱を頼みにくる人がいなかったので、できなかった。戦後の混乱期ゆえ、誰もが食べることと生きることに必死で、神様どころではなかったのだ。

だが、勤めたくても仕事がなかった。日本は失業者であふれ、その数は七八四万人を超えていた。男ですら仕事がなかったので、行政は女性の仕事を奪って男性に仕事を回そうとした。そのために女性はなおさら仕事がなかった。

日本は破産状態だった。とりわけ大都市の住人は住むところも着る物も食べ物もなかった。食糧は配給制だったが、量が少なく、しかも配給は滞りがちだった。人々は焼け残った資材でバラック小屋を建てて住んでいた。

日本は大きく変わりはじめていた。九月二十七日、天皇は赤坂の米国大使館にマッカーサーを訪問した。この時に撮影されたマッカーサーが天皇と並んで写っている写真は有名である。

マッカーサーは天皇の戦争責任を不問にし、GHQのために利用することにした。

これに続いて、昭和二十一年の元旦、天皇は人間宣言をした。天皇は現人神《あらひとがみ》ではなく、ただの人間になってしまったのである。

これは、たまゑのように天皇を神格化する戦前の教育を受けた者にとっては、ショックだった。たまゑは戦後も天皇を崇拝していた。

この年の二月、天皇の全国巡幸が始まった。天皇は国民の前に初めて姿を現したのである。天皇は各地で人々に熱狂的に迎えられた。感涙にむせぶ人も多かった。天皇の旅は足かけ八年、三万三〇〇〇キロに及んだ。

一方、GHQは次々と日本改造計画を打ち出していった。日本各地に米兵の姿が見られるようになり、大人はタバコ、子どもたちはチョコレートとガムを米兵にねだった。

たまゑはこうした変化に戸惑い、ついていけなかった。何を信じ、何をすればいいのかわからなかった。

たまゑは終生外国人が嫌いだった。「毛唐《けとう》」と平気で言っていた。また、「戦後若い人がおかしくなったのは、肉を食べるようになったからだ。それで獣の血が入ったので、若い人はいい霊と悪い霊が二重に見える」と言っていた。これも戦前教育の負の後遺症だろう。砂澤自身は肉を絶対に食べなかった。

昭和二十年十一月三十日、陸軍省と海軍省は解体され、戦犯の裁判が始まった。こうして戦争は実質的に終わりを告げたのである。

ＧＨＱは宗教改革にも着手した。神道と国家を分離する指令が十月四日に出され、十二月二十八日に宗教法人令が公布された。翌昭和二十一年二月二日には官制神社制度が廃止された。これによって国家神道に組み込まれていた宗教は国家神道のイデオロギーから解放された。

官幣大社だった伏見稲荷も官幣の文字が取れ、法人化され、宗教法人として独立した。昭和二十一年十一月六日にその登記が完了し、宗教法人伏見稲荷大社となった。

たまゑは戦前の知識が抜けきらなかったようで、戦後も伏見稲荷を官幣大社と呼んでいた。「官幣大社は厳しいですよ」などと言っていた。おかしなことに、たまゑに合わせたわけでもなかったのだろうが、官幣大社と書かれた石碑がつい最近まで、伏見稲荷の入口の一の鳥居の右側の片隅に建っていた。

伏見稲荷は昭和二十二年から今日のような祭りが行なわれるようになった。昭和二十一年はまだ戦中の祭り、例えば紀元節祭などが行なわれていた。

GHQの宗教改革、そして続々と誕生した新宗教と教祖

元旦に天皇が現人神否定の宣言をした昭和二十一年、たまゑは久しぶりに郷里で正月を迎えた。たまゑは二十四歳になっていた。

終戦後、日本は急激なインフレに見舞われていた。物価はうなぎ上りに高騰した。その影響で紙幣の洪水が起き、二月二十五日、新円と旧円の交換が始まったが、焼け石に水だった。インフレは昭和二十四年(一九四九)ごろまで続いた。

この年の三月八日、母むなの再婚相手だった尾下新吾が亡くなった。原因は不明である。尾下家はまたも男主人を失い、長男は戦争で死亡が確認されていたので、たまゑはまた一家の生計を支えなければならなくなった。

しかしオダイの仕事はしたくてもなかなかなかった。戦後の混乱期で、人々は食べることに必死だったから、御祈禱を頼みにいく余裕はなかった。一時期、たまゑは木工所に勤めたり、食堂の手伝いをしたりしていた。

四月十日、戦後初の総選挙が行なわれた。この時、初めて婦人に参政権が与えられた。選挙の結果、婦人代議士が誕生した。五月一日はメーデーが復活した。労働者の権利が声高に主張

されるようになった。

この頃、たまゑは自分の進むべき道に迷っていた節がある。このことはたまゑが大本教の出《で》口《ぐち》王《お》仁《に》三郎《さぶろう》の集会に参加していることでも明らかだ。他の宗教にも興味があり、内心で揺れていたのだ。

戦後、ＧＨＱの宗教改革によって、日本は新宗教のラッシュとなった。新しい宗教が教祖とともに続々と誕生していた。宗教団体は届け出ると宗教法人になることができるようになったからだ。

大本教は戦前からあった宗教だが、二代目教祖出口王仁三郎が、教団を愛善苑《あいぜんえん》として衣替えすることを考えていた。おそらく戦後の新宗教のラッシュに遅れないように意識していたのだろう。

大本教は明治になって教祖の出口なおが始めた宗教だった。二代目の娘婿出口王仁三郎が跡を継いでから、急速に発展拡大した。戦前、日本は国家神道であり、神道、仏教、キリスト教以外は宗教として認められず、その他の宗教は、教派神道として国家に許可されれば存続が許された。認められなければ、淫《いん》祠《し》邪教《じゃきょう》として嫌われ排除された。

特に霊能力を使って病気直しをしたり、託宣したり、神降ろしをすることは邪教とされ、宗教とは認められなかった。

出口なおと王仁三郎は、霊能力があり、なおは自動筆記による託宣と予言を、王仁三郎は霊を憑ける巫術を行なった。そのために大本教は淫祠邪教として、国家から激しい弾圧と迫害を受けた。王仁三郎は何度も投獄されている。

この点、たまゑも戦前は同じ立場にあった。霊能力を使って巫術を行なっていたからだ。戦前に稲荷のオダイであることは、国家からは宗教とは見なされず、白眼視されていたのである。同じ立場にあったたまゑが、大本教に興味を抱いていたとしてもおかしくはなかった。

興味深いことに、出口王仁三郎は稲荷信仰と関係があった。王仁三郎は静岡にあった稲荷講社で学んでおり、神霊を憑依させる鎮魂帰神の儀礼を習得した。これが大本教大発展の基礎になったのである。王仁三郎は霊視をして、人々をよく驚かせていた。

出口王仁三郎との出会い

たまゑが郷里の竹田で行なわれた王仁三郎の講演会に出席したのは、昭和二十一年五月二十四日か二十五日だったと思われる。この時、王仁三郎は竹田にあった別院に滞在していたからだ。

大本教は本部が京都府の綾部市にあった。教祖のなおは福知山市、王仁三郎は亀岡市の出身である。王仁三郎は昭和二十一年、山陰と紀州へ巡教の旅に出た。愛善苑設立の準備のための布教だったと思われる。この時、但馬の鉢伏山《はちぶせやま》に登り、大本教の霊場のひとつにした。但馬竹田には五月二十四日と二十五日に二泊している。

講演は竹田の別院で行なわれた。この別院は今も残っている。ここはJR竹田駅からたまゑが女中奉公をしていた久留引に向かう道の途中にある。たまゑが通っていた竹田小学校の近くである。

講演が終わったあとで記念撮影が行なわれた。戦後の物資不足の時代に、よくカメラがあったものである。王仁三郎を中心に出席者が彼を取り囲んだ。

写真が現像されると、写真の片隅に、首のない武士の姿が写っていた。砂澤はそれを「首のない赤松《あかまつ》氏の像が写っていた」と言った。写真を見ただけで名前がわかったようだ。

赤松氏は、別院の西側にある竹田城址の主だった。竹田城址は今「天空の城」として一躍名を知られるようになり、多くの観光客を集めているが、戦後は地元の人すら登らない石垣だけが残る山城だった。

この武士が赤松氏だとすれば、それは豊臣秀吉に滅ぼされた赤松広季《ひろひで》ではなかろうか。それにしても小学校でほとんど勉強せず、地元の歴史など教えられもしなかったたまゑが、どうして城の主の名前を知っていたのだろうか。

このような写らないものが写っている写真は、俗に心霊写真と呼ばれている。専門用語では「PK現象」という。心霊写真は「霊能者がいるときに写ることがある」と言われている。霊能者がいると何らかの霊力が働き、見えないものが写ることがあるようだ。

たまゑが王仁三郎に会ったとき、その場には王仁三郎とたまゑという二人の霊能者がいたことになる。よってその霊力は二倍になるので、心霊写真現象が起きる可能性は十分にあり得た。

砂澤は王仁三郎のことを「感心しなかった」と言った。それで大本教に入ることをやめたようだ。王仁三郎は霊視などはできたが、それ以上のことはあまりできなかったのではなかろうか。伝記を読んでも物凄い霊能力は発揮していないので、霊能者としては大したことはなかったと思われる。王仁三郎は行もあまりしていないので、この点でも霊能力のレベルがどの程度か想像できる。

王仁三郎は戦前、超有名人だったが、その名声と能力の間にギャップがあることをたまゑは見抜いていたのかもしれない。

砂澤は晩年、新しい宗教に批判的だった。「これらは宗教ではない」と言っていた。どの宗教も激しい行によって得られた霊能力によって人を助けることができないから、宗教ではないと砂澤は考えていたようだ。

王仁三郎は三か月後の八月十四日に脳内出血で倒れ、病床に付し、十二月八日に引退を宣言し、愛善苑への変更を信者に承認されている。王仁三郎は以後、病状が回復せず、昭和二十三年（一九四八）一月十九日に他界した。

心霊写真はその後の王仁三郎の不幸を予言しているように感じられてならない。

七夕に届いた訃報

日本は慢性的な食糧不足だった。五月には食料メーデーが開催され、二十四日、天皇は食糧難克服のラジオ放送を行なった。サッカリンなどの怪しげな代用食品が横行した。人々は背に腹は代えられず、お金があれば食料なら何でも買い求めた。

尾下家は農村の外れにあったが、働き手を亡くし、農業はしていなかったうえに家族が多かったため、食べ物を得るために苦労したはずだ。たまゑがオダイの仕事をすれば、近辺から食料をお供えでもらえたが、依頼者は少なかった。

戦地からの復員者の帰還は続いていたが、行方不明者も多かった。行方不明者を探す手段として、ラジオで「復員だより」や「尋ね人」という番組が始まった。戦地から帰らぬ肉親を待つ人々にとって、これらの番組は有力な情報源となった。

たまゑの弟で尾下家の長男だった長次郎は、満州で戦死したとの報が戦後すぐに入っていた。

斥候に出たまま帰らなかったという。たまゑはのちに長次郎の上司だった人に会ってその話を聞いたという。

昭和二十一年の七夕の日、出征後に戦地からたまゑと結婚したいと思っていたと手紙で気持ちを打ち明けた男性の訃報が届いた。

たまゑは深い悲しみに襲われた。戦争で誰が死んでもおかしくない時代だったが、それでも帰ってきてくれるだろうという思いが心の片隅にあったから、衝撃は大きかった。生きていく気力を失いそうになった。

訃報に接してから、たまゑは男性の実家を訪ね、墓参りをした。それから実母とは亡くなるまで付き合いを続けた。実母はたまゑを実の娘のように可愛がってくれた。男性には親同士が決めていた婚約者がいたのだが、おかしなことに、この女性とも仲良くなってしまった。

たまゑは男性の面影を終生忘れることがなかった。そのせいかたまゑはなかなか結婚する気になれなかった。それにたまゑは二十四歳になっていた。当時の基準では結婚適齢期を過ぎていた。さらに適齢期の女性にとって不利なことが重なった。戦争で若い男性がたくさん亡くなっており、女性に比べて男性の数が圧倒的に少なかったのである。そのために結婚したくてもできない女性が数多くいた。

たまゑは迷っていた。オダイとして働き実家を養わねばならなかったが、仕事はなかった。

しかも下には弟や妹がたくさんいた。長女の苦しさと辛さを抱えてたまゑは追い詰められていた。当時、身売りをするのは長女が多かった。

ペニシリンを買って、再び無一文に

昭和二十一年十一月三日、日本国憲法が発布された。教育勅語は廃止され、教科書から神話が消えた。現代仮名遣いが実施され、教育改革が進められた。ＧＨＱの主導だった。

この年の秋、たまゑは破傷風に感染した。運動会に参加し、二人三脚の競技中に転んで足にけがを負った。すぐに手当てをしなかったので、傷口から菌が入って化膿したのだった。

なぜ二人三脚などに出たのだろうか。おそらく町か地区の運動会が催されたからではなかろうか。この頃、日本では「体育」が奨励されはじめており、十一月一日から三日は全国で運動会が催されるようになっていた。身体運動も戦前の軍事教練と鍛錬から体育に変わったのである。これは身体運動の「民主化」だった。

破傷風は今はワクチンがあるので免疫のある人が多くかかる人はあまりいないが、戦前戦後はワクチンがなかったため、命に関わる恐ろしい病気だった。この病気は破傷菌がつくり出す中毒性感染症で、口の障害や顔面神経麻痺などが起き、呼吸困難に陥り、全身痙攣が起き、肺炎などの合併症を引き起こした。

破傷菌は土の中にいる常在菌で、土があるところならどこにでもいる。外傷ならささいな傷でも、運が悪ければ体内に入る。ワクチンがまだなかった時代だったため、たまゑは幼少時にワクチンの予防接種を受けておらず、免疫力がなかった。

戦地で傷ついた兵士は、すぐに手当てができなかったため、よく破傷風にかかった。それと同じことが戦後も起きていたのである。

顔面麻痺のような症状が現れたので、たまゑは医者にかかった。医者は傷口の手当てをしたあとで、破傷風だと言った。医者はこのままでは命に関わるが、ペニシリンがあれば治ると言った。

ペニシリンは初めて聞く薬名で、どのような薬なのかまったくわからなかった。ペニシリンは世界で最初に発見され、臨床に応用された抗生物質だった。何にでも効く万能薬、夢の薬ともてはやされていた。不治の病だった結核もこれで治った。まだ開発され始めたばかりで大量生産されておらず、非常に高価だった。田舎の町医者が常備できるような薬ではなかった。

ペニシリンは当時アンプル一本で一二〇〇円したが、一本ではまったく足りないので、数本必要だった。公務員の給料は五四〇〇円だったので、一本買うだけで二か月分の給料が飛んでしまった。十本買うとなれば二〇か月分の給料が必要だった。一般の人にはとても手に入るものではなかった。

しかもこの高価な薬は、正規のルートでは手に入らなかった。ダイエーの創業者である中内《なかうち》功《いさお》は戦後神戸で薬局を開いていたが、ペニシリンは一本三〇〇〇円から四〇〇〇円したと語っている。それでも飛ぶように売れた。定価の三倍強で売っていたのだが、それでもほとんどの人は入手できず、闇市で探し回って買っていた。闇市では一本一万円した。

たまゑもペニシリンを探して買った。一本八〇〇〇円のものを十本買ったという。合計で八万円かかった。このお金は、満州から密かに持ち帰っていた黒ダイヤを神戸まで出て換金して作った。

ペニシリンを買った場所は神戸の闇市だったと思われる。当時、たまゑの実家があった兵庫県の北部から一番近い大きな闇市は、神戸の闇市だった。神戸の闇市は阪急と国鉄（現ＪＲ）の三宮駅の高架下と北側に細長く伸びていた。この辺りは今も小さな商店が細長く続いている。戦後、ダイエーの店舗もここにあった。

闇市は私設のマーケットである。最初は焼け跡に出た露店だった。終戦の半月後には早くも新潟県長岡市で露店が出ている。以後、急速に広がった。

闇市は、食料品から軍需工場の放出物質、人々が切り売りした生活物質など、何でも売っていた。配給切符がなければ手に入らない統制物資も手に入った。ただ高かった。闇価格は基準価格の数十倍もした。米だと一袋五三銭が七〇円もした。それでも人々は飢えを満たすため、闇市で高価な食料品を買った。

人々は闇市で身の回りのものや着ているものを売って必需品を買った。その活動は「タケノコ生活」と呼ばれた。道を歩いているだけで着ているものがなくなっていったという。

闇市はヤクザが仕切っていることが多く、戦後ヤクザの温床となった。そのため利権争いから各地で抗争が起きた。「仁義なき戦い」の世界である。

たまゑはペニシリンによって傷は治ったが、注射の打ちすぎで、以後注射が利かなくなってしまった。また左の足を引きずる感じが残ってしまった。

たまゑはペニシリンの高価な代金を満州から密かに持ち帰っていたダイヤを換金して支払ったため、所持していた金品はなくなり、再び無一文となってしまった。

坪原喜三郎との出会い

昭和二十年の秋から昭和二十一年、たまゑは親族や知人を何人も亡くし、マラリアや破傷風などの病気を患い、大金も失うというまさに多難で苦難の時期を送った。

ただこの間も伏見稲荷には参っていたようだ。帰国後の報告とお礼参りにいつ行ったのかは不明だが、昭和二十一年には何度も行っていた形跡がある。

この頃、伏見稲荷に出かけていたことは、砂澤が昭和二十二年に伏見稲荷で神官さんたちと知り合いになったと述べていることでも明らかである。その中にのちに伏見稲荷の宮司となる若き日の坪原喜三郎《つぼはらきさぶろう》氏がいた。坪原はまだヒラの神官だった。これはたまゑにとって運命の出会いだったが、それは当時まったく予想できなかった。

もうひとつの形跡は、捨て子の話である。詳しい時期は不明だが、ある日、早朝にたまゑが伏見稲荷から歩いて京都駅に着いたとき、改札口の近くに赤ん坊が捨てられていたことがあり、よほど拾って帰って育てようと思ったことがあったというのだ。しかし心を決めかねて見捨ててしまった。

砂澤は後年、そのことがよほど残念だったのか、「拾っておけばよかった、惜しいことをした」と繰り返し語っている。たまゑは子ども好きだった。特に婚期を逃していたので、子どもが欲しかったのかもしれない。

早朝というから、夜に伏見稲荷に参っての帰りだったことになる。行をしていたのだろう。朝早いので電車が走っておらず、京都駅まで歩くしかなかったのだが、歩くと四十分ぐらいはかかる。お金もなかったのだろう。

捨て子は戦後多かった。夫が戦争で死亡したことや生活苦のために、女手ひとつで赤ん坊を育てられない女性がたくさんいたのである。困窮した女性たちはやむを得ず出産したばかりの赤ん坊を捨てた。たまゑが駅で発見した捨て子は、戦後期特有の社会事情が生み出した悲劇だったのである。

京都駅の周辺には捨て子だけでなく、戦災で焼け出されたりして家を失った浮浪者たちが何人も寺の入口の軒下などにたむろしていた。これもまた戦後独特の風景だった。

当時、京都駅で山陰線に乗り換えていた北兵庫出身の作家・山田風太郎《やまだふうたろう》は、乗り換えの待ち時間の間に、京都駅前をうろつくことがあったが、ある朝、東本願寺の入口で浮浪者にたかられて、なけなしの握り飯を与えている。たまゑも浮浪者をよく見かけたという。

この時期、実家のある和田山から山陰本線で京都に出かけるのは、経済的なこともさることながら、交通事情が劣悪だったため、大変だったにちがいない。列車は混雑・混乱を極めていた。

列車は石炭不足で運行に支障をきたしていたし、切符は買えず、乗車するためには長蛇の行列で、しかも乗れば満員ぎゅう詰めのありさまだった。窓から乗り込む人も多く、食料の買い出し客も多かった。車内はボロボロで、窓ガラスは割れており、座席は破れていた。こんな状態では京都まで行こうとしても、大変だっただろう。

列車は常に満員で、場合によっては乗ることができなかった。それでも人は乗り込もうとして押し合い、デッキの上り口に数人がぶら下がっていることもあった。乗れたとしても身動きがまったくとれなかったが、それでも人は入口でもっと詰めろと怒鳴っていた。口論が絶えなかった。

当時、列車は食料を地方に買い出しに行く闇屋が大きなリュックを持ってたくさん乗っていた。男たちは窓からリュックごと強引に乗り込んできた。各駅には闇屋を取り締まる職員がいた。一斉取り締まりも行なわれていた。網棚の上に寝ている者もいた。

闇屋が横行したのは、闇米などの食料を農家から買い入れるためだった。それを法外な値段で売りさばくのである。日本の慢性的な食糧不足と遅配に付け込んであくどい稼ぎをしていたのだった。この頃は米を二十日以上食べていないといったことは普通だった。

米不足を補うために、強制供米の政策がとられたが、それを苦に自殺する農家も出るありさまだった。

第八章　何をやってもうまくいかない

三度目の自殺を試みる

戦後の混乱期における困窮のなかで、たまゑはすべてが嫌になり、三度《みたび》自殺を試みた。時期は不明だが、昭和二十一年（一九四六）から昭和二十二年（一九四七）にかけてのことだろう。少なくとも昭和二十二年八月よりも前だったと思われる。

この時試みたのは、トンネルの上から通過する列車に身を投げる飛び込み自殺だった。戦前は睡眠薬を使ったがうまくいかなかったので、飛び込みなら一発即死で確実に死ねると思ったのだろう。

たまゑはトンネルの上に立ち、走ってくる列車に身を投げた。だが、気がついてみると、線路の脇に座って手を合わせていた。またも死ぬことができなかったのだ。たまゑはどうして死ぬことができないのか、悔し涙に暮れた。

私はこの話を聞いたとき、にわかには信じられなかった。しかし、ある宗教家が類似の体験をしていたことを知り、本当だったのだろうと思うようになった。

ある宗教家の場合は、小豆島で海岸の崖の上から海に向かって飛び込んだところ、気がつくと元の場所に座っていたというのである。これは人体浮遊というPK現象で、外部から見えない力が働くのだ。

たまゑが自殺を試みたトンネルはどこだったのだろうか。この場所が突き止められれば、話の信憑性は増すだろう。探してみた。

場所はたまゑが住んでいた実家のある北兵庫にありそうだ。北兵庫は山陰本線と播但線が走っている。このうち山陰本線はいくつかトンネルがある。ほとんどのトンネルは小さな山の下を潜っており、トンネルの出入口の上には登れない。地図で探すと、城崎の先にトンネルの上を道が通っている場所があった。ここかもしれないと思った。

城崎は北兵庫の有名な温泉街である。温泉街を抜けて竹野に通じる道を歩いていくと、山間部に入る。道はしだいに上り坂になる。坂を上りきったところに橋がかかっており、その下に山陰線のトンネルがあった。温泉街を抜けて約一・二キロのところである。

ここなら道の端に立ち、手すりの欄干を越えれば飛び込むことができる。今は手すりの上に金網が張られているが、新しいものだから、昔はなかっただろう。橋は「ゆしまこせんきょう」と書かれていた。橋の上から下を走っている線路までの距離は四〜五メートルだろう。トンネルの入口の少し先に川が流れている。線路の脇には人が横たわることができるほどのスペースがあった。ここだと人気はないし、人目につかないから、飛び込むには格好の場所である。

北兵庫のトンネルは他も見てみたが、いずれも適当な場所はなかった。たまゑは、おそらくここで自殺を試みたのだろう。

神様への反抗

昭和二十二年三月三十一日、第一回農地改革が行なわれた。これによって地主制は崩壊した。この時、いい土地を取得した者がかなりいたそうで、たまゑの信者にもそういう人がいた。この人はそうして手に入れた土地に工場を建てたが、うまくいかず潰れてしまった。

この年は五月に新憲法が施行、十一月に公布された。新しい日本の制度が始まりつつあった。同年八月三日、たまゑは結婚した。二十七歳になっていた。結婚に踏みきった理由はいくつか考えられる。ひとつは、戦前に結婚したいと思っていたという手紙をくれた男性の戦死が判明し、気持ちの整理がついたのだろう。またトンネル飛び込み自殺を敢行したにもかかわらず死ぬことができなかったので、生きるしかないと思い定めたのだろう。

戦後の虚脱感もあったのだろうが、この先どう生きていけばいいのかわからず、結婚願望は残っていたから、結婚して人並みの生活を送りたかったのかもしれない。

それに、神様から逃げたかったことも大きな原因だった。神様からは「オダイの仕事を専業でしろ」とうるさく言われたが、たまゑはどうしても決心がつかなかったので、神様から逃げたかったのだろう。この結婚は神様への反抗だった。

実家におけるたまゑの立場も変わってきた。実家は入夫の尾下新吾が昭和二十一年に亡くなり、尾下家の戸主は再び母のむなに戻っていた。長男の長次郎は満州で戦死していたが、三男の秀敏がすでに成人に達しており、尾下家を継ぐことになっていたので、戦前のようにたまゑが家計を背負い、弟や妹を養わなくてもよくなっていた。むしろこうなると、独り身の長女が家にいては厄介者になりかねない。

戦後の日本は、若い男性が多数戦死しており、圧倒的に適齢期の女性の数が多かった。日本は女性の売り手市場で、たまゑのように適齢期を過ぎた女性は、結婚相手を探すのがなおさら不利な立場にあった。そのせいか、たまゑの結婚相手は再婚の高齢者で、矢部愛助という四十八歳の男性だった。二十一歳も年上で、子どももいた。住所は豊岡市小田井《おだい》だった。

豊岡市は祖母が晩年身を寄せていた叔父の在住地で、母むなも一時期住んでいた。親戚や知り合いが多かったので、その関係で結婚話が持ち込まれたのではなかろうか。

豊岡市小田井は、JR豊岡駅の東側に位置しており、駅から東側の道を斜め東に歩くと、円山川の手前のエリアにある。今、愛助が住んでいた場所は他の人が住んでおり、当時の痕跡はまったくない。このエリアは商店も多く、商売をするには不向きな場所ではない。

私の目についたのは、小田井神社だった。かなり古い神社で、境内に稲荷神社があった。たまゑはここに参って行をしていたのだろうか。道を挟んで小田井神社の斜交《はすか》いには、堀川不動《ほりかわふどう》明王《みょうおう》（波切《なみきり》不動）が祀られていた。当時、たまゑはまだお不動さんを信仰していたので、ここにも参っていただろう。

堀川不動の東側は円山川《まるやまがわ》である。円山川もここまでくると、実家のそばの円山川に比べると数段に川幅が広く水量も豊かで大きい。小田井が「オダイ」と読めることと併せて、このエリアはたまゑにふさわしい嫁ぎ先だったようだ。

矢部愛助は、たまゑが巫者であることを承知で結婚したと思われる。たまゑは家事をこなしながら、神様から逃げたかったけれども、日々神様を祀り、行を積んでいたのだろう。たまゑはここでもオダイの仕事はしていたようだ。昭和二十年代の後半、城崎の信者の家に出向いているから、豊岡から城崎あたりの信者はこの時代にできたのだろう。

また、結婚後も伏見稲荷に通っていたことも確かである。昭和二十三年の二月に、京都府天田郡夜久野町の男性が、伏見稲荷でたまゑと知り合ったと言っているからだ。この人はのちにたまゑの信者になった。こうしたオダイとしての活動は家族公認だったようだ。

暮れには第一回のシベリアからの引揚船が舞鶴に入港した。

お菓子屋を開く

結婚したたまゑは商売を始めた。結婚直後から始めたのかは不明だが、三年ほどやっていたという。戦後のことで結婚相手は仕事をしていなかったのかもしれない。食べていくために始めたのだろう。

近所に住んでいた人の話では、当時、「鳥屋でもやろうか」と言っていたという。鳥屋は鶏肉を売る店なのか不明である。当時、牛肉は高価で、庶民には手が出なかった。年に何度か口にできればいいほうで、まったく食べたことがない人もたくさんいた。牛肉に比べると鶏肉は安価だったので、買う人はいた。店としては開きやすかったのだろう。

砂澤自身は「お菓子屋を始めた」と言っていた。ところが弟たちがやってきてみんな食べてしまうのでうまくいかなかったという。カバヤのキャラメルなどを売っていたそうだ。カバヤのキャラメルは、おまけをつけて戦後大ヒットしたお菓子である。

しかしこの話はやや変である。戦後すぐにお菓子屋が開けるわけがなかったからだ。主食のコメが満足に手に入らなかった時代に、贅沢品であるお菓子が豊富に入手できたはずがなく、お菓子屋を開くことは難しかったはずだ。

また、洋菓子にせよ和菓子にせよ、これらのお菓子をつくるには高価な砂糖が必要だが、砂糖は手に入りにくかった。砂糖の代用品としてサッカリンが出回っていたぐらいだから、お菓子の製造は困難だったはずだ。そのうえこれらのお菓子屋を開くにはお菓子づくりの職人が必要だが、たまゑにはその技術がなかったし、職人を雇うほどの資力もなかっただろう。

それに、カバヤのキャラメルは戦後すぐには売られていなかった。カバヤのキャラメルが大ヒットしたのは世の中がやや落ち着いてきた昭和二十年代の中ごろだった。昭和二十二年に店では売っていなかった。

このように推測すると、たまゑが開いたというお菓子屋は、今日街で見かけるようなお菓子屋ではなく、駄菓子屋だったのではなかろうか。

駄菓子屋は子ども相手に安価なお菓子を売っていた小さな店で、民家の一階の前の土間などを利用した三畳ほどの店が多かった。このような業態の小売店は江戸時代からあったが、戦後多く見られた。

売っていたものは、飴玉、キャンディ、酢昆布、せんべい、ポン菓子、粗悪なチョコレート、ガム、ラムネ菓子、ニッキ、乾パンなどのお菓子類や、メンコ、ビー玉、風船、花火などのおもちゃ類だった。十円持っていれば何か買えた。

駄菓子屋は子どもたちのたまり場だった。たいていその家のおばさんやおじさん、あるいはじじばばがやっていた。たまゑはおばさんというには若かったが、資本が少しあれば手軽に開けたし、子ども好きだったので、やってみたのかもしれない。

駄菓子屋はたまゑの実家があった和田山町にもいくつかあった。平土間を利用した小さな店で、冬は大きな火鉢が置かれていた。京都では新京極の近くに今でも駄菓子屋が残っている。

このような店は薄利である。儲けは少ないので、副業でやるにはよかったのだろうが、一家の生計を支えるのは難しかったにちがいない。たまゑの場合、結局うまくいかなかった。砂澤は後年、「神様に商売の邪魔をされた」と言った。

食い詰めて重大な決意をする

たまゑは商売をやってもうまくいかないので、どうしたらいいのかわからなくなってしまった。生活は追い詰められていた。困ってしまったたまゑは、お稲荷さんに相談した。すると神様は「言うことを聞かないからだ」「もう商売などやめてしまえ」と言われた。

そう言われても、商売をやめると食べていく手だてがなかった。たまゑはまた無茶なことを言われると憤慨した。「では、どうすればいいのですか」と駄々をこねた。神様は、意外なことを言われた。

「心配ない。ダイが必要な衣食住はすべて与える。それに一生使えるぐらいの小遣いも十分に用意してやる」

つまり「神様を専業で祀れ」と言われるのである。

たまゑは、何をやってもうまくいかないのだから、このままだと餓死するしかないと思った。しかし、いろいろやっても死ねなかったので、餓死すらもできないかもしれない。そうすると、神様の言うとおりにするしかないのかもしれないと思った。しかし、神様の言うとおりにすると、家事などはできなくなるから、家庭を捨てなくてはならなくなる。悩みは深かった。

結局、すべてにおいて行き詰まってしまったので、残された道は神様の言うとおりにするしかなかった。たまゑが決意すると、神様は言われた。

「今からお前に本当の力を与える。その時がついに来たのだ。さあ修行だ、修行だ」

こうしてたまゑは神様を専業で祀ることになった。昭和二十五年（一九五〇）ごろのことだろう。行に専念すれば家のことはできなくなる。この時、たまゑは嫁ぎ先を出る決心をしたのかもしれない。これが後年の離婚につながったと思われる。

たまゑは神様に命じられるままに行に打ち込むようになった。伏見稲荷にも通い、自宅でもそばの川で水行に打ち込んだ。たまゑは何をやっても死ななかったので、死ぬ気で行に打ち込みはじめた。激しい行に打ち込めば、それで死ねるかもしれないと密かに期待していた。

伏見稲荷での行に打ち込む日々

たまゑは、困窮の中で、神様に言われるままに伏見稲荷に行に通うようになった。

当時は夜に行をするのが普通だった。ちょうど丑三つのとき、つまり午前二時ごろ稲荷山の山頂に着くようにお山を回った。夕方の五時ごろに本殿に着き、一晩中お山をして歩いた。行は、歩くこと、稲荷山のお塚を拝んで回ること、滝行、断食などが中心だった。

山道だけでなく、道のない山中も歩き回った。当時、参道はまだ舗装されておらず、細い土の道だった。その山道を草履ばき下駄ばきで上り下りした。雨が降るとぬかるみ滑りそうになった。小石混じりの凹凸のある道なので、夜は見づらく躓《つまづ》きそうになった。雨が降ればずぶ濡れになり、雪が降れば肩に雪を積もらせながら、汗にまみれて歩いた。こうして夏の暑い夜も冬の寒い夜も行は続けられた。

お山をしているときは、座っているより歩いているほうが時間が長かった。歩いているときは、一心不乱に祝詞《のりと》や経を唱えていた。すると何も考えなくなり無になれた。このように歩くこと自体が行で、精神統一になった。

歩く行を積んでいると、「最後には獣がついてくるようになる」と砂澤は言った。獣は最初は怯えて近寄ってこないが、しだいに近寄ってきて行者を守りながら一緒に行をするようになる。そして行者は獣の世界と一体になる。それは「行者が神の世界に入ったからだ」という。稲荷の行者が眷属神を使えるのは、このためなのだろう。

たまゑは歩きながらお塚を拝んで回った。この頃、たまゑは自分のお塚を持っていなかったので、他の主要なお塚を拝んで回っていた。お塚はたくさんあるので、いくら拝んで回っても尽きることはなかった。

たまゑはお金がなかったので、お塚にお供えができなかった。そこでダシジャコをたくさん買っておいて、袋に入れて持ち歩き、一匹ずつお供えしながら拝んで回った。

お塚の前の地べたに座って祝詞を上げていると、地面の凹凸が足に食い込んで痛かった。その痛みを感じなくなるまで祝詞を上げることに打ち込んだ。そうしていると神様の声が聞こえてきた。

滝行も行なった。稲荷山には滝がいくつもあるが、これらの滝に入り、祝詞を上げ続ける。滝行も厳しい行で、夏冬問わずきつかった。

伏見稲荷大社本殿(内拝殿)

断食行も行なった。穀断ち、塩断ち、茶断ち、水断ちなどだが、塩断ちと水断ちは一日ぐらいしかできなかった。それ以上やると命に関わる危険があるからだ。

砂澤は、深夜に行をするのは、昼は気が散るので行には向かないからで、「夜は神様の時間だからだ」と言った。行を積むと、深夜、神様が見えるようになる。稲荷山ではたくさんの神様が出てこられた。

行のやり方は人によって異なる。普通は師匠から教わるが、たまゑの場合は、神様がすべてを教えたという。神様の教えは一挙手一投足に及んだ。神様はやり方が気に入らないと、足止めをした。文字どおり、手足が動かなくなってしまうのだ。ＰＫ現象である。神様はたまゑに「すべてを忘れろ、何も考えるな」と言った。

無にならなければ神様は動けないのである。

稲荷山では連泊して行をすることが多かった。稲荷山にはいくつものお茶屋がある。当時、お茶屋は夜通し開いていた。たまゑは、御膳谷のそばの眼力社《がんりきしゃ》で、仮眠をとらせてもらったり、温かいものを食べさせてもらったりした。

行が終わるのは明け方の四時ごろだった。終わると山から降りてきて、本社の前で額《ぬか》ずき、行のお礼を述べてから、京都駅まで歩いた。四十分ほどかかった。まだ電車が動いてない時間だった。

この頃は食べ物もなく、たまゑは京都駅まで空腹を抱えながら歩いた。駅前の出店に座り込んでしまったこともあった。いつも持ってきたお金はすべてお山で撒いてしまっていたので、駅に着いたとき、電車賃しか残っていなかった。和田山に帰ると無一文だった。

命がけの滝行

伏見稲荷の稲荷山には、空海が行をされたという弘法の滝をはじめとする十数の滝場《たきば》がある。これらの滝場で滝に打たれることを、砂澤は「お滝を受ける」と言っていた。お山をする中で、滝行は重要な行だった。

稲荷山の滝は人工の滝で、水量は少ない。そのために、滝行は楽そうに見えるが、実はそうではない。それは厳しいものだった。

冬は寒い中で、バケツの中のカチカチに凍っている氷を割って、中の水をかぶってから滝場に入った。心臓の悪い人なら死んでもおかしくなかった。

滝場に入ると、ツララの下がっている中で滝に打たれた。先の尖っているツララで肩を切りそうになったことが何度もあった。そして一心不乱に拝み続けた。寒いとも怖いとも思わなかった。そのようなことを考えていては、この行はできなかった。滝場を出ると、肌は真っ赤になって腫れあがっていた。当時は暖房器具などなかったので、周辺から薪を拾い集めてきて、それを燃やして暖をとった。

夏も楽ではなかった。夏のほうが水が冷たいので体にこたえた。行者たちは、夏のお滝はこたえると言った。

当時は電灯もなく、真っ暗な中で白衣一枚で滝場に入った。滝場は岩場だから、いつ岩が上から落ちてくるかわからない。まさに命がけの行だった。ムカデが首筋をはい回ることもあったし、蛇が上から落ちてくることもあった。

たまゑは、稲荷山だけでなく、もっと厳しい滝場を求めて各地を行脚した。大きな滝は水量が多く、稲荷山の滝に比べると、さらに危険だった。水量が多いと、鼻孔が水で塞がれて窒息

稲荷山の滝場「清明滝」

死する危険や水の勢いで流されてしまう危険もあった。上からの水圧に負けそうになることもあった。

滝行は荒行で、もうだめだ、命はないと感じたことは何度もあった。滝場に入るときは、いつ死んでもいいと覚悟を決めて入った。たまゑが滝行を続けたのは、これで死ねたらという思いがあったからだ。死の願望は相変わらず消えていなかった。

滝の受け方は人によって異なる。たまゑはやり方をすべて神様から教わっていた。滝場にお燈明をあげ、白衣で滝に打たれながら、一心に祝詞を上げる。滝はひとりで受けるのが基本で、大勢の人が滝場に入るのは邪道である。そして無になると神様の声が聞こえてくるし、神様が見える。

滝場におられる神様は、龍神さんとお不動様である。お不動様は怖い顔をしておられ、御神示が出る。

ある時、たまゑが稲荷山で滝行をしていると、体が宙に浮いて金縛りになってしまった行者を見かけた。たまゑが九字を切ってその人を助けようとすると、神様が「これからはお不動さんをやめて、神の道一本でいけ」と言われた。それまでたまゑは、お不動さんとお稲荷さんを両方祀っていた。しかし、この時から、お不動さんをやめて、お稲荷さん一本でいく決心をした。

滝場に入るときは、普通は白衣を着て滝場に入るが、真っ裸で入る人もいる。白衣はおろしたてのまっさらなものを着て入る。昔は行者が着ていた白衣を持って帰る人がいた。持ち帰った白衣は北向きにさらしておき、持ち帰った人が亡くなったときにその白衣を着せて棺に入れていた。

白衣のことは行衣《ぎょうい》ともいい、信者たちの間で取り合いになった。たまゑが着ていた白衣もたくさんの信者に持ち帰られた。滝行に使った白衣がありがたがられるのは、滝行は命がけの行だからである。

滝場は誰が入ってもいいというものではない。修行ができていない人が入るととんでもないことが起きることがある。不適切な人が入ると、金縛りに遭ったり、のたうち回ったり、宙に浮いたりすることがある。

滝場は憑いた霊を落とすところなので、落ちた霊がたくさんいるという。そのために心の弱い人や行のできていない人が入ると、このような霊に憑かれてしまう。逆に、心の弱い人や行のできていない人はいくら滝を受けても、霊を落とすことはできない。

このように滝場は霊的な場所なので、変なことがよく起きた。ここで蜂に刺されて神経痛の治った人がいたし、滝を受けてあとで滝場の水を信者にかけると、信者の腫れがひいたこともあった。突然人が笑い出すこともあり、それがその場にいた人たちに感染して全員が笑い出したこともあった。ローソクの火が飛んだこともあり、それがある凶事の前触れだったこともあった。

白い着物の幽霊

昭和二十五年ごろ、専業のオダイとなったたまゑは、行に励むかたわら、和田山町の自宅を中心にオダイの仕事を始めた。活動の場所は各地に広がった。各地を転々としながら神様を祀った。すべて神様の命令だった。さまざまな場所に行ったので、多すぎてどこに行ったかは覚えていないという。

和田山の実家でも行を行なっていた。嫁ぎ先の豊岡ではなく和田山の自宅で神様を祀りオダイの仕事を始めたのは、豊岡では行ができないうえにオダイの仕事がしづらかったからだろう。オダイ専業になると、身の回りのことができなくなるので、雑事や家事を手伝ってくれる人が必要になる。母親は祖母を見ていたので、オダイの仕事がよくわかっており、手伝ってくれるには適していた。それで和田山に戻ったのかもしれない。

行は水行と神様を祀ることが中心だった。夜に川に入って祝詞を上げ続け、川から上がるとお供えをして神様を祀って、また祝詞を上げ続けるのだ。夜を徹して行なうのだから、一緒に暮らしている者は迷惑である。まともに生活はできないだろう。

実家の場所はよく選んであったもので、そばを円山川が流れていた。まるでたまゑの行のために選んであったかのようなロケーションだった。当時の円山川は水もきれいで、今日のように汚染されていなかった。

水行は、夜の十二時ごろ川に入り、座って祝詞を唱える。声の続く限り大声で唱え続けるので、ついに血痰が出るところまで行った。これを「声を破る」という。一度声を破ると二度と声が破られることはない。たまゑの声は大きく、朗々として澄みきっていた。それはこのような激しい行の賜物だったのである。

川に入って祝詞を唱え続けている間は何も考えないので、無になれる。感じたり考えたりしているとこんなバカなことはできない。眠いと感じている暇もなかった。無になると神様の声が聞こえてきた。川から出ると、神前でまた祝詞を上げ続けた。こうしてたまゑの心身は鍛え上げられていった。

自宅そばの水行では、寒中の時期はことに厳しいものがあった。冬期、この地は、今とは違いよく雪が降った。その雪がボタボタ降る中を、降り積もった雪を踏みしめながら川に入っていくのだ。

入るときは身を切るような冷たさであるが、水に入って一心に祝詞を上げていると、冷たさはまったく感じなくなり、川から出ると、肌は真っ赤で、体はポカポカしていた。

無理がたたって四十度の熱が出たことがあった。診察に来た医者は「肺炎になりかかっているからやめろ」と言った。しかし、たまゑはやめなかった。そのために医者とケンカになった。医者は呆れて帰ってしまった。

たまゑは一度決めたらトコトンやり通すところがあり、この時もそうだった。そんなたまゑを母親は決して止めようとはしなかった。母は常々「この子は神様の子や。神様に取られてしまったので、生きようと死のうとこの子の運命は神様がお決めになることや」と言っていた。

寒中に行をしているとハプニングがあった。川には白い着物を着て入っていたのだが、真夜中なので真っ暗だった。

ある時、深夜に、酔っ払いが橋の上を自転車に乗って通りかかった。酔っぱらいは、川の中にぼーっと白い着物を着た者がいることに気づいた。男はそれを「幽霊」と勘違いし、動転して走り去ってしまった。

この酔っ払いは近所の人だったが、それから飲みに出かけなくなってしまった。後日、たまゑは酔っ払いの母親から、「近ごろは息子が酒を飲みに出かけなくなった、ありがたいことだ」と言われ、その原因は自分だと打ち明けると大笑いになった。

戦後、日本は統制経済だった。食料品は自由に売ることができず、飲食店を開くこともままならなかった。だが、昭和二十四年に自由販売が許可され、飲食店の数は増え始めた。飲み屋も同様で、夏になると都会ではビヤホールが復活した。人々はようやく粗悪な酒ながら、金さえあれば酒が自由に飲めるようになっていたのである。

第九章　オダイ専業になる

「牛の神様」として評判になる

オダイ専業になると、驚いたことに、御祈禱に訪れる人が急増した。連日、押すな押すなの盛況で、さばき切れないほどの人がたまゑに会いにくるようになった。多くの人が御祈禱を頼みに来るようになったきっかけは、よく当たるという民間巫者としての評判が広まったからだ。その評判のひとつが、「牛の神様」だった。

当時の北兵庫は農村が多く、農家は米や野菜を作る他に、畜産と養蚕を主な仕事にしていた。この頃の農家はどこでも牛を飼っており、畜産は北兵庫の主要産業のひとつだった。山陰本線和田山駅のひとつ先の駅は養父《やぶ》駅だが、当時この駅に牛の大きな市場があった。ここで売買された牛は、養父駅から全国に送り出された。市場は養父市場と呼ばれており、養父神社のそばにあった。

たまゑの実家のあった寺谷村は、三十一件のうち二十九件が農家で、どの家も牛を飼っていた。当時、牛は宝物で大切にされていた。ことに雌牛は子牛を産めるので大切にされ、生まれてくる子牛が雌牛だと喜ばれた。農家の人たちは円山川へ牛を洗いに連れてきた。たまゑの実家は円山川のそばにあった。

たまゑは子どもの頃から雌牛の胎内にいる子牛が雌か雄かわかったが、その能力が再び発揮されるようになった。たまゑは、川に牛を連れてくる農家の人に、雌牛の胎内にいる子牛の雌雄を教えた。「雌だ」と言うと、農家の人は非常に喜び、生まれるとお酒などを持ってお礼に来た。たまゑの予言は正確だったので、評判は村の外へと広がった。

村には馬喰《ばくろう》が妊娠している牛を売りにきた。農家の人びとは、そのたびにたまゑに雄か雌かを聞きにきた。たまゑは雌雄を正確に当てるとともに、これから馬喰が牛を連れてくる日や、その時に持ってくる牛の胎内にいる子牛の雌雄も教えた。その結果、二十九頭すべて雌であることを言い当て、村中の牛が雌だらけになったこともあった。

馬喰たちは「お稲荷さん、今度は商売させてくださいよ。うまくいったらお酒をお供えしますから」と言った。馬喰は雌のときは喜んだが、雄のときは落胆し、「商売の邪魔をされた」と言って、苦笑いしながら帰っていった。

たまゑを訪ねてくる人が増えるにつれて、人々がお礼にと置いて帰る米や野菜と御祈禱料が増えていった。この仕事だけで生活が成り立つようになった。

無理難題を吹っかけてくるお稲荷さんとケンカ

この頃から近在の人々を中心に信者が増えていった。信者になった人たちも、自宅で採れた野菜などをお供えとして持参した。このおかげで、たまゑは専業のオダイになってから、戦後の食糧難の時代を食べ物に困ることなく過ごすことができた。

戦後の食糧難は昭和二十五年（一九五〇）ごろからやや好転しはじめたが、人々の食卓は貧しく、量も十分とはいえなかった。田舎では学校に弁当を持っていけない子どももいた。持っていける子どもたちの弁当も、ご飯に梅干しが入っているだけという粗末なものが多かった。欠食児童はたくさんいた。

たまゑは消費しきれない食料を近所の子どもが沢山いる家庭に配った。すると「助けていただいたから」といって、さらに多くの人が集まってくるようになった。当時、たまゑが配った食料で育った子どもたちは多くいた。古い信者の中には、「戦後、お稲荷さんのおかげで大きくなった」という人もいた。

この食糧難の時代に、お稲荷さんは「どこそこに行って高い食料を買ってこい」と言われることがあり、困ったことがあった。それで嫌になり、「もう帰ってください」と言ってケンカになったことも再三あった。

日本は昭和二十四年（一九四九）に食料の自由販売が認可されたので、それ以後、町には食料品店がいくつもできた。和田山町にも数軒できており、どの店もよく流行っていた。まだスーパーマーケットやコンビニのない時代で、小売店は最盛期の入口にあった。商店は和田山駅を中心に並んでいた。当時、交通の手段は鉄道が中心だった。駅で乗り降りする人は多く、駅を中心に店ができていた。

ある日、お稲荷さんが、「魚屋に活きのいい鯛が三匹入った、二匹は売れてしまうが、一匹残るはずだから、それを買ってくれ」と言われた。値段まで言われた。たまゑが魚屋に出かけていくと、魚屋は「もうすべて売れてしまった」と言って売ってくれなかった。

たまゑが、「二匹は高級料亭が買ったが、一匹はまだ残っているはずだ」と言うと、店主はギョッとして、法外な値段を吹っかけてきた。そこで通常の売値を言うと、店主は「なんでそんなことまでわかるのか」と言って白旗を揚げた。

和田山町に魚屋があったかどうかは不明だが、魚市場はあり、食料品店では日本海の港から入ってくる活きのいい魚が売られていた。これは食糧事情にやや好転の兆しが見えたころの話だろう。

神様は人の知らない薬に詳しかった。戦後の食糧難の時代、食べ物が粗悪で胃を病む人が多かった。薬も今のようにいい薬がなかった。この時、お稲荷さんは「キャベツの芯を煎じて飲むとよい」と言われた。たまゑが信者にそのことを薦めると、よく効くことがわかった。後年、「キャベジン」という胃薬が発売されたとき、「どうして今ごろこんな薬が出たのか」と、たまゑは不思議に思った。キャベツが効くことは、たまゑたちの間では当たり前の話だったからだ。

妹の事故死を予見する

当時、人々は素朴だったので、たまゑが見せる霊能力に驚き感心した。ささいなことでも大騒ぎした。それが効果的で、さらに人を呼ぶ結果になった。

例えば、ある時、前夜派手な夫婦喧嘩をした区長の奥さんがすました顔でやってきた。たまゑが顔を見るなり「昨夜ものすごい夫婦げんかしたやろ。竹の箒《ほうき》を叩きつけて、箒を折ったやろ」と言うと、区長の奥さんは「なんでそんなことまで知ってるんですか。かなわんわ」とびっくりするありさまで、「何もできませんわ」と言って苦笑いしながら帰っていったことがあった。

これは過去のことがわかる過去知という霊能力であるが、たまゑにとってこれぐらいは簡単なことだった。砂澤は、「神様のおっしゃることはすべて本当だったので、おかしくてならなかった」と言った。

ある人に、「神さんに赤飯供えるのに、水が冷たいからといって、しゃもじでお米を洗ったやろ。そんなことすると養子も何もあらへんで（来ないという意味）」と言うと、「えらいことになった」とびっくりする始末だった。

初午のころに、あるおばあさんがお供えにお米を一升持参したことがあった。すると神様が「盗んだお米はいらんから米櫃に戻せ」と言われた。それを聞いたおばあさんはびっくり仰天した。なんとその家のお嫁さんが、おばあさんがお米を盗まないように、お米にひとつずつ字を書いていたのだった。

昭和二十五年、日本はまだGHQの占領下にあった。そのもとで民主主義政策が進められていたが、六月二十五日、朝鮮戦争が勃発した。これによって戦争特需が起き、日本の経済は上向きになっていった。工業生産は戦前の水準に回復した。

昭和二十六年（一九五一）四月、マッカーサー元帥が解任された。ついでこの年、日米講和条約が締結され、日米安全保障条約が調印された。日米安全保障条約は翌昭和二十七年（一九五二）四月に発効され、GHQは廃止された。これによってアメリカの占領は終わり、新時代が到来した。

戦後は映画の時代で、全国にたくさんの映画館があった。和田山町にも映画館があり、三か月遅れぐらいの古い映画が三本立てでかかっていた。フイルムは上映中に何度も切れた。それでも多くの客が詰めかけた。他に娯楽が乏しかったのである。

しかし昭和二十八年（一九五三）にテレビ放送が始まり、大都市では街頭テレビが現れた。テレビがお茶の間を席巻する時代が始まろうとしていた。それにつれて映画館は閑古鳥が鳴くようになっていった。

オダイの仕事が軌道に乗り始めた昭和二十七年六月一日、妹の次女たつ子が兵庫県姫路市で交通事故死した。午後三時のことだった。たまゑはたつ子が事故死することを事前に日時まで含めて正確に知っていた。砂澤は「たつ子がこうなることはわかっていたが、これは運命なのでどうすることもできなかった」と言った。たつ子は戦後に結婚して東京に住んでいたが、その後離婚して姫路にいた。

昭和二十八年、テレビの生産が始まり、洗濯機やトースターなどの電化製品も出回り始めていた。庶民には手の出ないものだったが、日本の経済はやや持ち直していた。たまゑのところに御祈禱に来る人が増えたのも、それに見合うだけの経済的なゆとりが少し生まれたからだろう。

お堂が完成する

「牛の神様」として近在にその存在が知られるようになったたまゑは、近くの寺谷村の住人から「このお稲荷さんはよく当たるので怖い。こんなありがたいお稲荷さんは放っておけない。ぜひお堂を建ててお祀りさせていただきたい」という申し出を受けた。昭和二十九年（一九五四）のことだった。たまゑは三十二歳になっていた。

話はトントン拍子で進み、実家のそばにある橋の袂の官地を町より払い下げてもらい、建築材料は信者たちが持ち寄り、大工や左官の人たちが無料で奉仕して、あっという間にお堂が建ってしまった。

このお堂は寺内の大師堂と似たようなものだったと思われる。神様を祀る部屋が中心にあり、この部屋を外から拝めるようになっていた。その横に祀っている人の小さな住まいがついていた。

お堂ができたことで、たまゑは自分の住まいを持つことができた。巫者として独立したわけで、一歩前進したのである。これで実家に気兼ねすることなく神様が祀れるようになった。ここでは行もできたし、信者が集まれるようになった。

お堂を建てているとき、詰めの段階で妙なことが起きた。白壁を塗る費用が足りなくなってしまったのである。どうしたものかと思案していると、神様が「パチンコに行こう」と言われた。たまゑはパチンコなど一度もしたことがなかった。また変なことを言われると思いながら、地元の和田山ではなく、遠く離れた福知山まで出かけていった。

戦後はパチンコが爆発的に流行った。和田山にも一軒か二軒あったが、地元では顔が知られているから入りづらかったので、顔を知られていない福知山まで出かけていった。当時、女性はパチンコをしなかったので、たまゑが店に入るとそれだけで変な顔をされたにちがいない。

パチンコ屋に入ると、見よう見まねで玉をはじき始めた。すると驚いたことに、玉はいくらでも入り、次々と終了が出てしまった。客が寄ってきて呆れたように見つめていた。サクラではないかと疑われた。

興に乗って、店に置いてあったスマートボールもやってみると、これも面白いように玉が入った。あれやこれやで景品は溜まる一方で、換金すると白壁を塗る費用が捻出できた。その額五万円だったというが、これは本当だろうか。五万円というと、景品のタバコだけだと、ひと箱一〇〇円だったとして五〇〇箱である。ちょっと多すぎるように思う。五〇〇〇円ぐらいだったのではなかろうか。

パチンコが面白かったのでまた行こうとすると、「遊ぶな」と言われて神様から足止めを食ってしまった。足止めとは足が動かなくなる症状である。

パチンコは戦後大ブームになった娯楽だった。昭和二十五年ごろに新機種が登場し、名古屋を中心に爆発的に増加した。昭和二十七年には全国の店舗数が四万五〇〇〇軒に達した。当時はまだ手打ち式で、景品と交換できた。景品は換金できたので、勝てば儲かり、それが一種のギャンブルとして人気を呼んだ。中毒になる客もいた。

玉が詰まると店員を呼び、店員が台の後ろから顔を出して玉の詰まりを直した。店内はジャラジャラという騒音でうるさかった。戦後のすさんだ気分によくマッチしたのだろう。

オダイとして多忙を極める毎日

お堂が建ったとき、村のある住人が変なことを言った。たまゑが七歳のころに、その人に「大きくなったらまたここに帰ってきてお家を建てるから、その時は建ててね」と言ったというのである。

たまゑは忘れていたが、その人は奇妙なことを言う子どもだと思い覚えていたのだった。そして「やっぱり本当になってしまった」と信じられないような顔をした。これはたまゑが子どものころから予知能力があった証である。

お堂が完成すると、信者の数はますます増えていった。遠方からも人がやってくるようになった。ついにお堂のそばにある橋の西詰を南北に通っている旧山陰街道沿いに「稲荷前」というバス停までできてしまった。当時はバスが数多く走っており、町民の足だった。

たまゑは多忙を極め、朝の八時ごろから午後の四時ごろまで連日座りっぱなしの状態になってしまった。昼食を摂る時間もないので、お手伝いのおばさんに塩水を一杯持ってきてもらい、それですませる日々だった。後年、砂澤は、「人は塩水一杯あれば数日食べなくても大丈夫だ」と言った。夜は行を行ない、深夜は神様を祀る生活だった。睡眠時間はわずか四時間だった。

たまゑはこの頃になると、遠くまで出張するようになっていた。御祈禱に出かけていたのである。当時まだ自動車は普及していなかったので、オートバイの後ろに乗せてもらい、山奥まで出かけていた。

戦後発売されたオートバイは、「自動自転車」として爆発的に売れた。自動車が普及するのはもっとあとのことで、それまではオートバイがもてはやされた。

ホンダが戦後を代表するオートバイ「ドリームE型」を発売したのは昭和二十五年だった。オートバイは大人気で、私の家にも昭和三十四年（一九五九）ごろに父親が乗っていた大きなオートバイがあった。父親は仕事に出かけるときに使っていた。たまゑはオートバイが流行りはじめたごく早い時期にオートバイに乗っていたことになる。だが、女性がオートバイの後ろに乗っているのはあまりいい目では見られなかった。

お堂ができると、たまゑは信者たちとお堂で行をするようになった。お堂で断食の行をすると、信者たちは空腹に耐えることができなくて、すぐ音を上げてしまった。特に男性は空腹に弱かった。ある時、神様がそれを見ておもしろがり、大福をたくさん差し入れるといういたずらをされたので、大騒ぎになったこともあった。

この頃、たまゑは多忙を極め、あまりの忙しさに休みたいと思うことがあった。神様が「城崎に行こう」と言われるので、久しぶりに休めると喜んで出かけていくと、「うどん屋に入ろう」と言われた。入ってみると神様を祀る用意がしてあり、「二年前から待っていました」と言われ、拝んで帰ったという当て外れの一幕もあった。帰ると母親が「たくさんの人が待っておられたのに、いったいどこに行っていたのか」と言って怒った。

昭和二十九年、日本は水爆と死の灰に脅えていた。米国が水爆実験を行ない、日本の漁船が死の灰を浴びたからだ。映画『ゴジラ』が封切られたのはこの年だった。水爆の恐怖が製作の動機になった。

オダイの仕事をしながら三人の子どもを育てる

お堂のできた昭和二十九年の翌年、昭和三十年（一九五五）に、たまゑは実家のある和田山町の東南に隣接した山東町《さんとうちょう》の喜多垣《きたがき》に招かれて、ここでも神様を祀るようになった。『神様が行け』と言われたので行った」という。

喜多垣の住人の上地（仮名）が、たまゑの噂を耳にして、力のある人のようだからぜひわが村にも来てほしいと希望し、播州《ばんしゅう》まで依頼に出かけたのだった。当時、たまゑは和田山のお堂を中心に各地を転々として神様を祀っていた。この時は播州にいたようだ。

喜多垣は梁瀬駅の西方約五キロのところにある山間部の農村である。梁瀬駅は今は無人の駅だが、当時は駅員がおり、乗り降りする乗客も多かった。まだ自動車が普及していなかったので、駅から喜多垣までは歩かねばならなかった。歩くと一時間かかった。

たまゑは喜多垣で家を借りて神様を祀った。家は平屋だった。以後、喜多垣と和田山のお堂を行き来する生活になるが、主に喜多垣にいるようになった。活動の拠点をここに移したのだ。

喜多垣には昭和三十七年（一九六二）までいた。たまゑは昭和三十二年（一九五七）に伏見稲荷の扱所となり、扱所を喜多垣に置いた。山東町時代の始まりだった。喜多垣では住人が教会を建てると言ったが、なぜか神様は「いらない」と言われた。

喜多垣の借家のそばに、たまゑを播州まで迎えにいった上地の家があった。この家のまだ幼かった男の子は、たまゑの借家によく遊びにいき、たまゑに可愛がられた。この子は長じてたまゑの信者となり、最後は老齢のたまゑを引き取って面倒を見ることになる。

当時、たまゑはメリーという犬を飼っていた。コリー種で白いきれいな犬だった。男の子は学校から帰ってくると、メリーと一緒に炬燵《こたつ》に入っていた。親が「また先生の所に行っているのか」と言って呼びにくると、さっと炬燵の中に隠れた。

上地の記憶では、たまゑは喜多垣に移ってきたとき、ある男性と一緒だったという。男性は大江といい、大工をしていた。大江は人形峠《にんぎょうとうげ》でウラン発掘のための坑道を掘っていたという。そのために喜多垣にはほとんどいなかった。人形峠は鳥取県と岡山県の境にある峠である。

日本はアメリカに原爆を落とされて被爆国になったにもかかわらず、十年も経たないうちに日米原子力協定に調印し、科学研究所は昭和三十年六月にウラン鉱調査を開始した。人形峠でウラン鉱脈が発見されたのも同じ年だった。翌昭和三十一年（一九五六）には調査開発が始まり、当地に原子燃料公社の出張所が開設された。

大江はここの仕事をしていたのだろう。上地は大江からウラン鉱石を二個もらい、「学校に持っていったことがあった」という。大江は妻を亡くしており、娘が二人いた。仕事の関係で家を空けることが多く、娘を育てることができなかった。たまゑは喜多垣でこの娘たちを育てた。砂澤は「娘さん二人を抱えて男の人が困っていたので助けてあげた」と言った。

この頃、たまゑはもう一人子どもを育てた。和田山の実家を継いでいた三男の秀敏の妻が子どもを一人残して若くして亡くなったので、母親のむなが困ってしまい、たまゑのところに連れてきたのである。秀敏の妻はふみといい、昭和三十三年（一九五八）に二十二歳で亡くなった。子どもは女の子で豊美と言った。たまゑはこの子も喜多垣にいる間育てた。たまゑは豊美を養女にするつもりだったが、豊美は後年亡くなった。

こうして昭和三十七年まで、たまゑは喜多垣で神様を祀り、オダイの仕事をしながら、三人の子どもを育てた。「子育ても行だ」と砂澤は言った。

このような生活になると、ますます豊岡とは疎遠になり、たまゑは矢部愛助と昭和三十一年五月に離婚した。

伏見稲荷と正式につながる

オダイ専業になると、信者が付き始め、和田山時代からたまゑは信者を連れて伏見稲荷に参るようになった。ある時、たまゑの一行を見ていた伏見稲荷の宮司・鈴木《すずき》松太郎《しょうたろう》に呼び止められ、たまゑは「そんなことをしていてはだめだから、稲荷講社に入りなさい」と言われた。この出来事は昭和三十年七月二十四日以前のことだと思われる。鈴木宮司はこの日に亡くなっているからだ。

稲荷講社は正式には「伏見稲荷大社付属稲荷講社」といった。戦前は「官幣大社稲荷神社」といい、昭和二年（一九二七）に発足し、昭和十六年（一九四一）に財団法人となった。

稲荷講社は「稲荷大神の神徳を宣揚し、敬神尊神の美風を涵養《かんよう》して大社の隆盛を図ることを目的とし、その目的達成のために、神徳の宣揚を行い、一般を教化し、大社の諸事業などを翼賛することなどを主な事業とする」（「大いなり」二十一号）機関である。

具体的には、全国の伏見稲荷の信者を講員として登録し組織する機関である。このような機関が必要になったのは、伏見稲荷のような大きな神社では氏子以外の信者が参拝するためで、その氏子以外の信者ための機関が必要となったからである。

日本の神社は、古くは神社の周辺に住している人たちが祀っていた。これらの人々を氏子といった。氏子以外の外部の人たちが参ることはなかった。伏見稲荷も古くは周辺の住人が氏子として祀っていたのだが、京都という都にあり、朝廷が崇拝する神社になると、京都市民の不特定多数が参るようになった。ひいては全国から人が参るようになったので、これら氏子以外の不特定多数の人々を信者として取り込み組織する必要が生じた。そのための機関が講社であり、これに属する人々を講員と名づけたのである。

講員は全国に散らばっているため、講員を地域ごとに組織する必要があり、講員の集まりを指導する上に立つ人も必要になった。その地域ごとの組織を扱所あるいは支部と称し、上に立つ指導者を扱所長あるいは支部長と呼んだ。

鈴木宮司はたまゑの連れていた信者を伏見稲荷の講員にしようとしたのである。そのためには指導者を育成せねばならず、鈴木宮司はたまゑに指導者の資格を取るように勧めた。資格を取るには年に数日間、三年にわたり伏見稲荷で講習を受けなくてはならない。たまゑは講習を受けることに同意し、昭和三十年から三年間講習を受けた。

講習の内容は、祭式・祝詞・神道史・稲荷神徳並信仰講義などで、稲荷の神様を祀るために必要なことをひととおり教えられる。講習を受けはじめると、神様に直接教わったことと違うことが多かったので困ってしまい、受けるのをやめようと何度も思ったが、最後まで受けたという。

講習が終了すると、四級教師の資格が与えられ、扱所となった。この時点でたまゑは正式に伏見稲荷とつながりができたのである。砂澤がそれまでは「伏見さんとは関係がなく参っていた」と言ったのは、講員として登録されていなかったという意味である。これがたまゑにとって重要な節目となった。

ちなみに伏見稲荷では教師に身分等級がある。それは上から、一級教師、二級教師、三級教師、四級教師、五級教師の五階級である。ややこしいのだが、教師にはもうひとつ任用資格というものもある。それは上から、仁階、義階、礼階、智階、信階の五階である。

支部にも等級がある。それは所属する行員数によって決まる。これは六種類ある。上から、特級支部、一級支部、二級支部、三級支部、四級支部、五級支部である。

扱所は支部よりもランクが下で、支部よりも行員数が少ない集まりである。やはり等級があり、特級扱所、一級扱所、二級扱所、三級扱所と四種類ある。

たまゑはこれらの最下位のランクから出発したのだった。

扱所の祭りで神様が降りてきた

昭和三十二年、たまゑは伏見稲荷の扱所長となり、喜多垣で自分の神様を扱所の神様として祀るようになった。信者は山東町を中心に広がっていった。まだ一般に自動車は普及していなかったので、人々は自転車に乗るか梁瀬駅から歩いてやってきた。扱所の定例のお祭りもここでするようになった。御祈禱を受けようとする者は、ここまで通うようになった。

定例の祭りとなると、信者が一堂に集まり、祭りが終わると直会《なおらい》が行なわれる。直会はいってみれば親睦の宴会である。この時、神様がたまゑに降りてこられ、不思議なことがよく起きた。

ある時、ある信者さんがお祭りに出ようとして、自転車で一升瓶を持参して喜多垣にやってきた。到着すると瓶の中の酒が半分なくなっていた。栓はしてあるし、「不思議だ、酒はどこに消えてしまったのだ」と大騒ぎになった。PK現象である。砂澤は「神様が飲まれたのだ」と言った。このような不思議な現象がたくさん起きた。

お祭りのあとの直会でも不思議なことがよく起きた。ある時、普段は一滴も酒を飲めないたまゑが、大量の酒を飲んだ。それを見ていた呉服屋の主人が、不思議そうにしげしげとたまゑの喉元を凝視し、「やはり先生の口に入っている」と感心した。五升飲んだこともあったが、まったく酔わなかった。

たまゑは鬼饅頭《おにまんじゅう》というこの地方の名物の饅頭をたくさん食べたこともあった。しかもアンコばかり食べるのだった。それなのに、我に返ってみるとお腹が空いていた。

また卵を何十個も食べたこともあった。周りの人たちが驚いて見ていると、食べ終わったたまゑはケロリとしており、「何も覚えていない」と言った。この異常なまでの大食は稲荷のオダイがときどき見せる芸である。

神様は降りてこられると大暴れされることがあった。神さんを降ろすことは力のあるオダイにしかできないが、こうした不思議な現象が信者たちを驚かせ、「すごい神様だ」という評判となって、さらに信者を呼ぶことになるのである。

たまゑのような験者は自分の験力《げんりき》を試すために、他の験者と験比《げんくら》べをすることがあった。これは古代から行なわれていたことで、一種の力比べである。

たまゑはこの頃、山東町の稲荷が効くか、たまゑの稲荷が効くか、よく比較された。山東町の稲荷は、岡山にある最上《さいじょう》稲荷の系統だった。最上稲荷は仏教系の稲荷で、日本五大稲荷のひとつである。稲荷というと伏見稲荷だけと思われるかもしれないが、日本には伏見稲荷の他にも多くの稲荷がある。

最上稲荷は岡山市にあり、稲荷山（これは伏見稲荷と同じ山名である）にある妙教寺《みょうきょうじ》で、開祖の報恩大師《ほうおんだいし》が稲荷山で行をしているとき感得した「最上位教王大菩薩《さいじょういきょうおうだいぼさつ》」を日蓮宗の僧が祀っている。そのイメージは稲の束を持った女性像で、稲荷の吒枳尼《だきに》天像によく似ている。たまゑはこの山東町の稲荷と験比べをして勝った。

また円応教《えんのうきょう》の人とも競争して勝った。この時は地下の水脈を当てる競争だった。地下の水脈探しはたまゑの得意とするところで、ときどき行なっていた。

円応教は兵庫県の丹波市に本拠を置く昭和二十三年（一九四八）に設立された新興宗教である。

地下の水脈探しは井戸を掘るときに役に立った。

当時の信者で腸のがんになった人がいた。この信者は手術を受けたが、医者は「もう助からない」と言った。ところが神様は「頭のてっぺんに灸《きゅう》をしろ」と言われた。そして、信者が灸を続けていると助かってしまい、その後も長生きした。たまゑは灸が得意で、よく信者にしていた。手で触っただけで悪いところがわかった。

山東町時代は、喜多垣の家で、節分やクリスマスの会なども行なっていた。節分は皆でワイワイ騒ぎ、信者たちは一泊していった。餅もたくさん撒いた。クリスマスは村の子どもたちを全員集め、子どもたちと年寄りの交流を図った。日本でクリスマスをするようになったのは、戦後の進駐軍支配下での影響である。それが田舎にも広がっていたのである。

伏見稲荷のお山で起きた不思議な現象の数々

和田山のころから、信者が増えてくると、信者たちが「伏見稲荷でお山がしたい」と言うようになった。たまゑは信者たちを伏見稲荷に連れていくようになった。多いときには稲荷山で二十人から三十人もの人と行をした。

当時、お山は今とは違い、すでに述べたように夜にしていた。夕方の五時ぐらいに本殿前に着き、明け方の四時ぐらいに下りてきて、京都駅まで歩くのだ。当時、お山は行者が多くいた。お山全体に夜通し参拝者の鳴らす鐘が響き渡っていた。ともに行をした人はたくさんいた。稲荷山は今とは違い、電燈もなく、夜は真っ暗だった。その真っ暗闇の中を、舗装されていない石混じりの土の道を歩き続けた。お山をしている間中、たまゑは信者のことを拝み続けた。すると神様の声が聞こえてきたり、信者の病気が治ったりした。

眼力社

この頃だと思われるが、たまゑは稲荷山の御膳谷のそばにある眼力社まで盲人を背負って坂道を上り、眼力社で拝んだことがあった。盲人はある宗教の教師で太っていた。その太った人を背負って坂道を上るのだから大変な苦行である。眼力社は目の神様で、ここで拝んでいると、盲人は目が見えるようになった。

キリストは盲人の目を開いたというが、これと同じことがたまゑにも起きたのである。このような奇跡は、若いときにしかできない。若いときは霊能力が一番強いからである。眼力社ではこの他に多くの病人が治った。

病気治しではないが、同じく眼力社でたまゑが信者たちと深夜に拝んでいると、お供えを持った他のオダイさんが横からさっと割り込んできてお供えしようとした。たまゑたちはそれで遠慮した。すると別のオダイさんの供えようとした紅白の餅の下にあった餅がさっと飛んできて、たまゑの手の上に乗った。

気がつくとそばに見知らぬ白髪のおばあさんが立っていた。そして「まあ、このオダイさんは立派な人や。人に席を譲られたうえに福餅までもらわれた。お稲荷さん嬉しいやろ」とたまゑに向かって言った。そして「ダイのほうが遠慮することはない。取られるほうが馬鹿なのだ。出世しなさいよ、ダイ」と言ってさっと消えてしまった。これは眷属さんの敵討ちだったようだ。このようにお山では不思議なことがよくあった。このおばあさんは霊姿だろう。

ある時は、参道を歩いていると、お金やお菓子やお餅が空からパラパラと降ってきた。気がついたら着物の袖の中がそれらで一杯になっていたこともあった。子どもを連れていたときは、「感心だからおやつをあげよう」という声が聞こえてきて、指定された場所にその人数分だけのおやつが置いてあることがあった。白狐が飛んできて福餅を撒いたこともあった。

お山では神様が命じる場所ならどこへでも行った。道のないところも歩いた。道のないところにガサガサ入っていくと、信者たちもあとをついて山の中を上り下りした。道のないところを歩いているので、木の枝が衣服に引っかかった。信者の衣服はボロボロになったが、たまゑの着物は無傷だった。

たまゑはこの頃はものすごいスピードで走ることができた。神様が憑くと、普通ではあり得ないほど速く走れた。信者たちはそのスピードについていけなかった。

ある時、熊鷹社《くまたかしゃ》の下を歩いていたことがあった。その時、ある信者に神様が憑いてしまった。それでたまゑは九字を切り、その信者を木に縛り付けて動けないようにして先に進んだこともあった。信者は動けないので、「助けてくれ」と言って大騒ぎした（九字を切ることは修験者の使う護身術、PK能力である）。

明け方、お山から降りて、京都駅まで歩き、電車で帰った。乗客はたまゑたちの他にはいなかったので、電車の中では信者たちとワイワイ騒いだ。「今と違ってあの頃は楽しかった」と、晩年の砂澤は懐かしそうに語った。

昭和三十年代、日本は経済復興を遂げ、高度成長期に入っていった。昭和三十一年の神武《じんむ》景気、昭和三十五年（一九六〇）の岩戸《いわと》景気と好景気が続いた。昭和三十一年に「もはや戦後ではない」と宣言されたが、庶民の生活は依然として貧しかった。質素なものを着、粗末なものを食べていた。昭和三十二年に神戸でスーパーダイエーが開店し、大量消費社会の先駆けとなった。

この時代、生活の電化が進んだ。洗濯機やテレビ、冷蔵庫などが普及した。「三種の神器」

と呼ばれた。昭和四十年代に入ると、自動車やカメラなどが徐々に購入されるようになった。電話をつける家も多くなった。電話は黒のダイヤル式だった。テレビは昭和三十四年の皇太子と美智子《みちこ》さまご成婚を機に爆発的に普及した。テレビ社会が到来した。それに並行して映画館が減少していった。

昭和三十年代の前半は、将来の車社会を見越して、道路が舗装されはじめた。この頃はなぜかスキーがブームで、週末にはスキー客を乗せたバスが舗装されたばかりの道路を数珠つなぎで走った。

昭和三十五年は日米新安保条約が締結され、安保反対で日本中が騒然となった。政治のことなど何も知らない田舎の子どもたちまでが、「安保反対！」と叫びながら遊んでいた時代だった。

このように急速に生活が改善されていく時代に、たまゑは三人の子どもを育てながら片田舎でオダイの生活をしていた。

第十章　鳥取と福知山の二重生活

神様に指示され、二度目の結婚をする

昭和三十七年（一九六二）のある日、神様は突然たまゑに「ダイよ、三人の男の子をやるから、行って面倒を見なさい」と言われた。

これは、鳥取市に住むある男性が妻に先立たれ、男の子を三人抱えて困っているから、「行って育てろ」という意味だった。そのために男性と「結婚しろ」というのである。

この話があまりにも唐突だったので、たまゑは「結婚もさせないで、何が今さら子育てですか」と反抗した。たまゑは一度結婚しているので、「結婚させないで」は語弊がある。これはオダイ専業にさせられて結婚生活ができなくなったという意味だろう。

反抗はしたものの、結局たまゑは、神様の言われることは逆らっても仕方がないと諦めて、鳥取に行くことにした。ただ、言われたからには立派にやり遂げてみせると覚悟を決めた。

現在の賀露町

相手の男性は鳥取市賀露町《かろちょう》在住の砂澤茂《すなざわしげる》だった。茂は妻の文子を同年二月二十五日に亡くしていた。茂は当時四十四歳だった。九か月後の十一月二十四日、たまゑは嫁入り道具を揃え、当時飼っていた犬のメリーを連れて鳥取に行った。福知山駅にたまゑの信者が勤めていたので、頼み込んで特別に犬を乗せてもらった。四十一歳になっていた。

たまゑと茂はそれまでまったく縁がなかったわけではなく、二人はいとこの関係にあった。たまゑの母むなは、同じ賀露町にある北本家の出だった。むなは幼くして母を亡くし、たまゑの祖母その養女になった。後年、北本家はたまゑの祖母から借金をして船を買い、その船で漁に出ていたが遭難し、むなの兄は死亡した。幸い三男は遭難を免れていたので、のちに砂澤家の養子になった。

砂澤家に養子に入った北本家の三男仁三は、女四人男三人の子どもに恵まれた。茂はその七人姉弟のうちの三番目の子どもで、長男だった。茂には姉が二人、妹が二人、弟が二人いた。不幸なことに、弟の一人は発話障害があった。

茂は子どもが三人いた。子どもはすべて男の子でまだ小さかった。茂の父と母はたまゑにとって叔父と叔母に当たり、また舅と姑でもあった。茂の姉と妹は四人とも全員が結婚しており、近所に住んでいた。たまゑにとっての小姑全員が近所にいたのである。このような複雑な大家族の中にいきなりたまゑは入っていったのだった。

たまゑと茂は幼いころから知り合いだったので、たまゑは茂の先妻文子と生前に面識があった。文子が亡くなった事情も多少わかっていたので、子どもの面倒を見ることにしたと後年、砂澤は言った。

現在の鳥取港

茂は幼いころからたまゑを知っていたので、若いころ、戦争に行く前に、たまゑに結婚を打診したことがあった。そのために、四十歳を過ぎて再婚が決まったとき、若いころに結婚しておけばよかったと悔んだ。これとは別に、北本家でもたまゑを息子の嫁にしたいと考えていたというから、たまゑの実家の尾下家と、砂澤家、北本家の関係は糸が複雑に絡み合っていた。

砂澤茂は漁師だった。船に乗って漁に出て長い間家を留守にしがちだった。賀露町はJR山陰本線鳥取駅の北西に位置する鳥取港に面した町である。昔は漁村で、多くの住人は漁業で生計を立てていた。砂澤家もそうだった。砂澤家は海に沿って西の鳥取空港へ通じている道路から一本中に入った通りに面していた。

北兵庫の山間部の農村で生まれ育ったたまゑは、漁村の生活は未経験だった。すべてのことになじみが薄く、慣れるのに戸惑い苦労した。この結婚は、たまゑにとって、姓が尾下から砂澤に変わっただけでなく、生活の大きな転換だった。手探りの苦悶の生活が四十歳を過ぎてから始まった。

子育ては神様との共同作業

たまゑが神様に言われて鳥取に行くことを決心したとき、困ったことが起きた。神様はたまゑに「鳥取に行け」と言いながら、自分は「鳥取に行くのは嫌だ、福知山に行く」と言われたのだ。

喜多垣にいたころ、すでにたまゑは福知山にも行っていたので、福知山にはなじみはあった。新たに神様を祀るために、福知山市の下柳町《しもやなぎちょう》にあった塩見家に一室を借りて、神様を祀るようになった。これを機に福知山市の信者が増えていった。福知山市進出の始まりだった。

下柳町はJR福知山駅の北東に由良川《ゆらがわ》に沿って細長く伸びた地区である。下柳町には昭和四十年（一九六五）の初めまで三年ほどいた。現在、下柳町に塩見家は見当たらない。

こうして福知山と鳥取を行き来する二重の生活が始まった。福知山にいる間は、塩見家に寝泊まりしてオダイの仕事をし、仕事が終わると鳥取に帰るのである。

当時はまだ山陰本線は京都から鳥取まで急行や特急が走っていた。白兎《はくと》や出雲《いずも》などである。今、これらの列車はまったく走っていない。特急は城崎までしか走っておらず、かつて走っていた長距離の各駅列車も皆無である。この頃は下関まで直通の列車があった。まさに隔世の感がある。

たまゑは福知山のオダイの仕事で得た食料や御祈禱料を持って鳥取に帰った。これらの食料が砂澤の家族を養った。たまゑの収入は茂よりもはるかに多かった。たまゑは茂からお金はいっさい受け取らなかった。自分の得たお金を生活費に使った。

福知山から帰るとき、事前に電報を打った。まだ砂澤家に電話はなかった。電話が地方の一般の家庭に引かれるようになったのは、昭和四十年代のことだった。バス停に着くと、飼い犬のメリーが迎えにきていた。メリーはなぜかたまゑが到着する時間を知っており、自宅の床の下から出て、迎えにきていたのである。これは犬にテレパシーがあるからだ。子どもたちはテレビに呆けていて迎えにこなかった。テレビは昭和三十年代の後半になると、一般の家庭にもかなり浸透していた。

たまゑが鳥取に行ったとき、上の子どもは小学校六年生、真ん中の子どもは小学校三年生、末っ子は幼稚園に通っていた。父親は船乗りなので一年中家を空けていた。たまゑがときどき帰ると、末っ子などは目一杯甘えてきた。

このような半分別居の生活で、たまゑはどのようにして三人の男の子を育てたのだろうか。それは鳥取で何かあると神様がたまゑに知らせていたからだ。そのために、離れていてもたまゑには子どもたちのことがすべてわかっており、何かあると福知山から指示を出していた。子育ては神様とたまゑの共同作業だった。

例えば、神様が、「大変だ、中の子が風呂に飛び込んだ拍子に、釜にひびが入って、お湯が出てしまっている」とたまゑに知らせる。たまゑはすぐに電話して、長男を呼び出して、そのことを伝える。長男が「嘘やろ」と言いながら見にいく。するとそのとおりだったので、処置して大事に至らずにすんだ。こういったことが何度もあった。これは電話が入ってからの話だろう。

また、兄弟のうちの一人がたまゑの財布から一〇〇円玉をくすねたことがあり、その時も神様がたまゑに知らせてくれた。たまゑがそのことを子どもたちに言うと、子どもたちは「どうしてわかったんやろ」と不思議な顔をして、「悪いことはできんわ」と反省し、それからしなくなった。

このようなことがよくあったので、子どもたちはしだいにたまゑに一目置くようになり、疑うことや口ごたえをすることがなくなった。たまゑは子どもたちに怒ることはせず、理を説き説教した。子どもたちはたまゑによくなつき、たまゑを信用した。

たまゑは鳥取を空けているときは、子どもたちだけで生活させるようにした。家を出るときにお金を渡し、家計簿を預けて、すべて自分たちだけでやらせた。家事や女性がすることもすべてやらせた。

たまゑは、長男を大将にし、下の二人には「お兄ちゃんの言うことをよく聞くように」と言い渡した。三人は協力して暮らしていたが、一番下の子は上の二人に当たられいじめられて、ストレスをためていることがあったので、下の子には犬をつけてやった。下の子は犬に当たってストレスを解消していた。

鳥取の実家には茂の弟で、発話障害がある人が同居していた。弟は、頭はしっかりしていた。この人の面倒もたまゑが見た。子どもたちは「オッチャン、オッチャン」と言ってなついていた。たまゑは「オッチャンを嘲《あざけ》ることはしてはいけない」と子どもたちに言っていた。

オッチャンは外で働いていて、稼いだ金はすべてたまゑに渡した。お金の使い方を知らなかったのである。たまゑはそのお金でおやつを買って子どもたちとオッチャンに分け与え、「これはオッチャンのおかげだ」と子どもたちに言った。

こうした中で、父親がほとんど家にいなかったにもかかわらず、子どもたちはグレることもなく育っていった。

若いころからの無理がたたり、大病を患う

鳥取の港町での慣れない生活が始まった。港町の朝は早かった。午前二時にはサイレンが鳴った。

夫の茂は漁で長期間海に出ていることが多かった。海の上の仕事は危険が多く、遭難や死亡事故が多かった。常に死と向かい合わせだった。そのためにたまゑは、夫が漁に出ているときはいつも心配していた。特に天候が気になった。台風や低気圧が近づくと、海に出ているその身が案じられた。強風が吹くときも船が転覆しないかと心配だった。

夫との生活はすれ違いだったので、連絡を取り合うのも一苦労だった。たまゑは置き手紙をして家を空けていたし、夫は寄港地から手紙の入った荷物を送ってきた。

夫は長期出漁していないときは、自分の船（鷗丸）で近くの海に出て日帰りの漁をしていた。その時はたまゑも同船して漁を手伝った。それを見た近所の人たちが、「女が船に乗っている」と言ってびっくりして騒ぎ立てた。船は男だけが乗るものだったからだ。たまゑは平気で、「船の神様は女や。女が乗って何が悪い」と開き直った。漁をしていると、いつも鯛が網に入

っていた。「神様がご褒美にくれたのだ」と砂澤は言った。

砂澤家は漁をするかたわらで、ささやかな農業もしていた。賀露町の海を隔てた東側は鳥取砂丘で、この砂地でらっきょうなどを栽培していた。たまゑはその手伝いもした。いずれも初めての経験だった。

この頃は、朝早くから家事をこなし、子どもたちの面倒を見て、家業の手伝いもしながら、神様も祀るという目まぐるしく多忙な生活だった。睡眠時間は相変わらず四時間だった。たまゑは山間部の育ちだったが、海も好きで、多忙な生活で心が屈してくると、よく海を眺めに外に出た。毎日一度は浜に出ていた。海には海のよさがあった。

このような多忙な生活と若いころからの無茶な行がたたったのか、さしもの頑健だったたまゑも鳥取に行ってから体調に変調をきたすようになった。またこの時期から大きな病気をするようになった。

まず結婚後に流産して体調を崩し、その後もその後遺症で長らく苦しんだ。昭和三十九年（一九六四）ごろには胃がんを患った。この時は「手術をしろ、そうしないと助からない」と医者に言われ、どうするか迷ったが、神様に「アロエを飲め」と言われ、毎日アロエを絞ってコップ三分の一を飲んだ。すると半年後にがんはきれいに消えていた。

伏見稲荷に参集殿が新築される

　こうした環境の変化の中で、たまゑは福知山と鳥取を行き来し、さらに伏見稲荷にもたびたび参って行をしていた。

　昭和三十八年（一九六三）、一の鳥居から本殿に向かう参道の右手奥に参集殿《さんしゅうでん》が新築された。これは伏見稲荷に参る人々の休憩所を兼ねた宿泊施設だった。三階建ての建物で、一階に食堂があり、奥には大浴場があった。

　昭和三十年代はまだマイカーの時代ではなく、電車を利用する参拝客が多かった。遠方より訪れる人々は日帰りできない人もいた。これらの人々は、それ以前は一の鳥居の左右にあった玉屋と鍵屋という宿屋を利用していた。玉屋は平成十二年（二〇〇〇）過ぎまであったが、鍵屋はかなり早い時期になくなった。

　参集殿は宿泊希望の参拝者のために比較的安価な宿を提供した。部屋が広かったので、団体客も利用できた。一階の食堂は宿泊しない一般の参拝者も利用できた。

　たまゑは建物の建設要請運動が始まったとき賛同し、積極的に運動した。当時、伏見稲荷の奉賛会の総裁は国会議員の河野《こうの》一郎《いちろう》だった。河野に働きかけて動いてもらった。たまゑは建設が決まると建設費を寄付した。参集殿が完成すると、備品や什器も寄付した。この時、神職で熱心に活動した人が、藤巻正之《ふじまきまさゆき》宮司の片腕的存在だった坪原喜三郎だった。

参集殿

　このような経緯もあって、たまゑは参集殿をよく利用していた。二階の階段を上った対面の部屋がたまゑの定宿だった。よく長期滞在し、忙しい仕事の息抜き、逃避の場だった。ここにはたくさんの信者が訪れていた。中には一緒に泊まる人もいた。

　参集殿はできた当初は満員になったが、マイカーを持つ人が増えてくると、日帰りすることができるようになったため、利用客は減っていった。昭和五十年になると閑散としている日も多くなり、令和三年（二〇二一）に取り壊され、跡地は駐車場となった。まさに時代を写す鏡だった。

　昭和三十八年は機関誌『大いなり』が創刊された。伏見稲荷は昭和三十九年が御鎮座一二五〇年に当たり、盛大な記念祝典が行なわれた。

作歌を始める

鳥取に住むようになったたまゑは、短歌をつくる練習を始めた。昭和四十年ごろだった。たまゑは小学校のころから短歌が好きだった。

この趣味は、行に明け暮れ生活に追われて、趣味というものがまったくなかったたまゑにとって初めての経験だった。そのきっかけは、大庭青雨《おおばせいう》の本を読んで感銘を受けたからだという。さっそく大庭に連絡を取り、弟子にしてもらった。

大庭青雨は、山口県美弥市の秋吉台の近くにある自住禅寺《じじゅうぜんじ》の住職で、地元の文化人として多方面で活躍していた。短歌にも造詣が深く、「水甕《みずがめ》」の同人だった。大庭は自らも作歌するとともに、どりね短歌会を主催し、多くの後輩を指導し育てた。たまゑが読んだ著書は不明だが、数冊の本を書いている。

たまゑは歌をつくり、大庭に送って添削と指導を受けた。大庭が主催する歌会にも何度も出席した。後年、たまゑの作品が「水甕」に掲載された。その掲載誌が届いた喜びを歌った作品もある。

たまゑの作歌は昭和四十年ごろから始まり、昭和四十九年（一九七四）ごろまで続いた。鳥取時代の大半は歌をつくっていたことになる。

歌をつくることは、たまゑにとって信仰にもつながることだった。辛い生活の中で唯一の楽しみであり、息抜き、気晴らしだった。夫は家を空けていることが多く、子どもの受験勉強に付き合って遅くまで起きていたため、一人になれる時間があり、その時間を利用して、短歌の雑誌を読み、末っ子に辞書を引かせて歌をつくった。歌をつくることで救われることもあった。

たまゑが歌をつくるようになったのは、神様ごとには歌が付きものだからだろう。伏見稲荷のおみくじの冒頭が和歌の形で書かれているのは、その一例である。砂澤は「神様は和歌の形でお答えになる」と言った。神様は平安時代の言葉で話されるそうだ。平安時代は、願いや祈りを和歌の形で書いた紙片を奉納し、鳥居に張りつけていた。神様ごとは多少なりとも歌の素養がないと困るのである。

たまゑは「水甕」に関わり、「丹波歌人」の同人にもなった。これは福知山市で発行されている同人誌である。

たまゑの歌は素人の域を出ておらず、決してうまいとはいえない。生活を直接読んだものが多く、感情が率直に吐露されているのが特徴である。たまゑは情熱的だったので、年齢に似合わず激しい恋情を読み、「いつまでもお若い砂澤さん」と冷やかされた。

たまゑは大庭を師と呼んでいた。師に来てもらい、城崎で歌会を開きたいという希望も持っていた。それほど一時期は熱中していた。

たまゑの助言でネギ長者になった男性

たまゑは福知山で神様を祀るだけでなく、鳥取でも祀っていた。どこにいても神様を祀っていたのだ。鳥取に移ってから、扱所は鳥取に置き、鳥取扱所となった。自身は鳥取扱所長となった。

稲荷は穀霊、農業神とされているが、漁村でも祀られている。稲荷は漁業の神様でもあった。たまゑは鳥取では船の御祈禱を頼まれた。大漁祈願や安全祈願の御祈禱も依頼された。

鳥取でも信者ができた。自宅の近くに知的障害がある漁師がいた。だが力は人一倍強く、漁では他の人に負けなかった。この人もたまゑの信者になった。いつも取れた魚介類をお供えにと届けにきた。この人は、後年たまゑが福知山に移ってからも、毎日獲れたものを送ってきた。

鳥取時代、米子に住む男性が仕事のことで相談にきた。たまゑは放棄された田畑を買って、「東京ネギをつくれ」と薦めた。戦後、経済発展とともに農家の人々は工業に流れはじめ、農業をやめる人が多くなった。そのために田畑が放置されることが増えた。これらの田畑が二束三文のタダ同然の値段で売られていた。男性はその土地を買って、ネギをつくりはじめた。

鳥取は砂地が多く、ネギの栽培には適していた。男性は研究熱心で、肥料を改良し、通常の四倍も与えたので、良質のネギができるようになった。ネギは評判になり、大都市に出荷されるようになった。男性は収入がうなぎ上りに増え、ついに鳥取県の長者番付に登場するまでになった。

昭和三十八年から三十九年は高度成長期に当たり、人々の生活は向上した。スーパーのチェーン化が進み、大量消費社会が到来した。昭和三十九年、大都市では超高層ビルの建設が始まり、九月には東京大阪間で新幹線が開通した。十月には東京オリンピックが開催され、まさに国を挙げての国際的イベントは、国民の興奮を喚起した。学校でもスポーツが奨励され、「根性」が流行語になった。

第十一章　前田の時代

神様とともに下柳町から前田へ移る

昭和四十年（一九六五）の初めごろ、たまゑはある信者に「福知山市の前田に教会を建てるので来てほしい」と請われた。

教会は宗教活動を行なうための施設で、稲荷神を奉斎する神殿を備え、祭祀行事を行ない、信者などを教化育成する場である。教会は支部・扱所が設けていることが多い。支部・扱所の長が運営しているので、教会をつくるには支部・扱所を運営できる教師としての資格所有者が必要だった。資格のない者は、教会をつくることはできるが、運営することはできない。信者は教師の資格を持っていなかったので、たまゑを招くことにしたのだろう。たまゑは承諾した。

福知山市の前田地区は市の郊外にあり、由良川の南、土師川《はじがわ》の東、福知山綾部線の国道の北に位置している。福知山駅から歩くと四十五分ほどかかる。信者の家は同地区の福知山自動車教習所の近くにあり、教会は信者の家から国道沿いに東へ一〇〇メートルほど行ったところに建てられた。かなり大きな建物で、立派な教会だった。場所は国道のそばであるから今は車の往来が激しく、とても神様を祀るような雰囲気ではないが、昭和四十年代は車も少なく静かな環境だったのだろうか。

教会は昭和四十年四月十一日に完成し、たまゑは神様とともに下柳町から前田に移った。下柳町には三年ほどいたことになる。

たまゑは前田に移り、神様を祀って礼を言った。すると神様は「なんでこんなものを建てるのだ。私はイヤだ。長くはいない」と言われた。またおかしなことを言われると思っていたら、八年後に内記《ないき》稲荷神社よりお迎えがきたので、このためだったことがわかった。

教会では信者の祀っている神様と、たまゑの祀っている神様を並べて祀った。御祈禱にくる人はどちらかの神様に参った。たまゑの神様に参る人が圧倒的に多かった。

教会の敷地は信者の持ち物だった。信者は土地の活用に困り、教会を造れば建物の使用料や御祈禱料などが得られると目論んだようだ。しかしうまくいかなかった。

支部長授与式

三丹支部に昇格する

昭和四十年、教会の長となったことで、たまゑは里巫《さとふ》から教会巫《きょうかいふ》に昇格した。

同年八月、たまゑは教師任用資格証である智《ち》階《かい》を授与された。これは下から二番目の資格だった。伏見稲荷においても昇進の第一歩が築かれたのだった。

昭和四十一年(一九六六)二月十三日、たまゑの扱所は支部に昇格した。扱所はそれまで鳥取市扱所と称していた。たまゑは支部を三丹《さんたん》支部と名づけた。三は伏見稲荷の稲荷山の「三ヶ峰」のことで、丹は「朱色」、つまり「鳥居の色」を意味している。三丹とは稲荷山に輝く三つの朱の鳥居のことで、「稲荷山の御膳谷に輝く支部であれ」というたまゑの願いが込められていた。

三丹支部ができたとき、神様はたまゑに「この名前に恥じぬよう、大神を師とも親とも思って、何事も任せよ」と言われた。この年、三丹支部は三級支部となった。支部は教会の所在地前田に置かれた。

たまゑが歌をつくりはじめたのはこの頃からだった。ノートに記録された歌は三丹支部設立の喜びと抱負から始まっている。そして幾度かの生命をかけた修業を終えて智階を受けて支部長になったと感慨を記している。

鳥取で家族の世話と家の仕事をし、福知山で大きな教会ができると、たまゑはますます多忙になった。そのせいか、夏に倒れて入院する羽目になった。目の前が一瞬真っ暗になったという。過労が原因だったと思われる。夫は病院のベッドの下に寝て、つきっきりで看病に当たった。熱があり夫の手が冷たく感じられたという。

九月、たまゑは祖母の五十回忌で祖母の墓のある鳥取市の長通寺《ちょうつうじ》に参った。長通寺は同市東南の国府《こくふ》町《ちょう》岡益《おかます》にある曹

長通寺

洞宗の寺である。鳥取駅から歩くと一時間四十分ほどかかる。たまゑは住職とは子どものころから親しかった。

寺の総代から話を聞いたとき、祖母は亡くなる前に多額の永代供養をしていたことがわかった。またこの頃ですら、祖母に世話になったという信者が参ってきて供養のお金を置いていっていることもわかった。祖母の位牌は持ち去られていた。たまゑは祖母の墓地の空いている場所に観音堂を建てることにした。

朗報もあった。この年の十月、満州で戦死した弟の長次郎の娘が出産したという知らせが舞い込んできた。長次郎は出征前、すでに結婚しており、娘が一人生まれていた。その娘が嫁いでおり、子どもが生まれたのだった。娘は父親の顔を知らずに育った。たまゑは自らの満州の出来事を思い出しながら、長次郎の墓に参り、孫の出産を報告した。

十一月十三日、愛媛県の松山市沖で関西の伊丹空港を飛び立った全日空の飛行機が墜落し、乗客・乗員五十人が全員死亡した。この中に、新婚旅行のカップルが十一組含まれていた。当時、まだ新婚旅行は海外ではなく国内が多かった。飛行機を利用する人は少なかった。飛行機に乗るのは、新婚旅行のような一生に一度の特別な機会に限られていた。本州と四国を結ぶ瀬戸内海の大橋はまだかかっておらず、四国へは船か飛行機を利用するしかない時代だった。

前日、たまゑはある信者の結婚式に招かれていた。ところが、めでたい式場で眼の前が真っ暗になり、不吉な予感に襲われたので、新婚の二人が新婚旅行に出かけることを必死で止めた。その原因は翌日判明した。二人は墜落した松山行きの飛行機に乗る予定だったのである。目の前が真っ暗になったのは、海中に突入する予感だったのかもしれない。虫の知らせである。二人はたまゑのおかげで命拾いしたが、よく説得を聞き入れる気になったものである。

さまざまな凶事に見舞われたどん底の時代

昭和四十二年（一九六七）から昭和四十三年（一九六八）にかけては、たまゑにとって鳥取時代、いや人生で最も困難で苦しい時期だったかもしれない。さまざまな凶事に見舞われたからだ。二月に可愛がってくれた北本の叔母が急死した。叔母はたまゑの与えた菓子を握りしめて息を引き取った。死に顔は安らかだった。

三月には夫が乗っている船が遭難しかけた。たまゑはその知らせに叩き起こされ、それから無事を神様に祈り続けた。夫にもしものことがあったときのことを考えて、眠っている子どもらの顔を見て涙を流した。たまゑが不安に苛まれて疲労困憊していたとき、夫が帰宅した。乗っていた船は沈んだが、夫は助かったのだった。

三月、末っ子が小学校を卒業し、血のつながらない子を六年間育て上げた感慨に耽《ふけ》った。末っ子は四月に中学に進んだ。

五月になると夫の父、たまゑの義父が亡くなった。八十歳半ばだった。義父はそれまでこれといった病気はせず、最後は二週間眠り続けて安らかな笑顔を残して死んでいった。老衰である。老父はたまゑを頼りにしていた。

六月、夫が左肩の骨を折って入院した。しかし軽傷で仕事に戻った。それで安心していたら、半年後の十二月に病気になった。夫は長期入院し、翌年の二月末にようやく退院したものの、やつれ果ててしまった。

この頃、たまゑはよくある尼寺を訪ねていた。尼寺の尼さんとどこで知り合ったのかなどは所在地も含めて不明だが、鳥取市大山の麓《ふもと》にあったのではなかろうか。尼さんとは親しかったようで、尼寺を訪れて話をすることが、苦労の多い生活の中で数少ない慰めのひとつだった。

悪いことは重なるもので、秋にはケガから回復した夫に代わり、たまゑが倒れて入院してしまった。肝臓をやられたのである。体がだるく、この時はさすがに死を覚悟した。しかし、この時も神様の指示でなんとか乗りきることができた。板の上に寝てキャベツときゅうりばかり食べていると、しだいに回復していった。この時は長患いだった。入院は長引き、翌昭和四十四年（一九六九）の二月までかかった。

このように、昭和四十二年から昭和四十四年にかけて、砂澤家は夫と妻が立て続けに入院し、働けなくなったため、二人の主要な働き手を失って、経済的に困窮した。子どもたちの進学などが重なりお金が必要な時期だった。入院中は夫が見舞いにきて世話をしてくれた。

この頃がたまゑにとって最も苦しかった時期かもしれない。昔なら死のうとしたのだろうが、この時は義理とはいえ家族がいたから、それもできなかったのだろう。あまりの辛さに耐えかねたのか、たまゑは歌で、特異な道を進まねばならなかったわが運命と、子どものころからの辛かった薄幸の人生を嘆いている。「神様は助けてくれない」と珍しく不満も漏らしている。常に明るく強気だったたまゑにしては弱気だった。それだけどん底だったのだろう。

調停事件で裁判に出る

三丹支部ができると、福知山の信者が増加し、支部の講員になる人も多くなった。その中には後年支部の中心として活躍する人もいた。お塚を造りはじめたとき、共同の設立者となったのもこういった人たちだった。自家用車はまだ普及していなかったので、郊外にある前田にはバスや自転車で通ってくる人が多かった。喜多垣にいた上地少年は中学生になっていたが、榊を切って持参するようになった。

時期ははっきりしないが、昭和四十二年か昭和四十三年のころに、たまゑは裁判所の調停事件に関係したことがあった。

福知山のある信者の主人がノイローゼになり、「首をくって死ぬ」と口走るようになったので、信者は困ってしまい、たまゑに相談にきた。たまゑが神様に伺うと、「仕方がないな、これは。六月二日に事故や」と言われた。事故しか治す方法はないので、「事故を起こす」と言われるのだ。荒っぽい治療である。たまゑは「無茶なことをされる」と呆れた。

するとまさに当日の深夜、信者の夫は本当に事故に遭ってしまった。自動車に当て逃げされたのである。この日は雨が降っていた。信者の夫は暗闇の雨の中を自転車に乗って走っていた。その時、当て逃げされたのだった。

信者の夫は病院に運び込まれた。医者は、「首の骨が折れているので助からないだろう」と言った。しかし、神様は「急所を外れているから大丈夫だ」と言われた。

信者の夫は意識不明だった。神様は、「患部を冷やしておけばいい、寝かせておくために事故に遭わせたのだ」と言われた。信者の夫は意識が数日後に戻り、京都市内の大きな病院に転院させられた。ここで長期間入院して治療した。その間にノイローゼは治ってしまった。

この事故の当て逃げの犯人はのちに見つかり、裁判所の調停に持ち込まれた。犯人はある自動車販売会社の若い社員だった。調停は賠償金を巡って双方譲らず、一向に終わらなかった。

当て逃げをした犯人の乗っていた自動車には、他にもその会社の上司らが乗っていた。一行は会社の営業所長が栄転することになり、その送別祝賀会を某所で開き、二次会のために自動車で移動中だった。その最中に、信者を当て逃げしたのだった。

車で逃げた人たちは、全員酒が入っていたうえに、轢《ひ》いてしまった信者の夫をその場に置き去りにし、また酒を飲みに行ってしまった。そして、自動車はあとで修理に出し、証拠を隠滅してしまった。さらに若い社員に信者の夫を「置き去りにして逃げろ」という指示を出したにもかかわらず、すべての罪を若い社員に押し付けて知らぬ顔をしていた。

たまゑは神様からすべてのことを聞いていた。当て逃げされた信者の夫と親族が、「なかなか調停が進まないのだがどうすればいいのか」とたまゑに相談にきたとき、たまゑは若い社員がかわいそうだったので、「双方欲が深いから、いくらやっても片が付かないのだ」と言って、裁判に出ることを引き受けた。

法廷でたまゑは、販売会社のお歴々や顧問弁護士らを前にして、当て逃げをした者たちしか知らない当日起きたことをすべて暴露した。そして、「隠してもだめです。本当の指示者はわかっているので、次のときに名前は明らかにします。もう逃げ隠れするな、人間は騙せても神さんは騙せません」と言った。

裁判のあとで、「あれは何者だ」と言って、ひき逃げした会社の人たちは騒ぎ出した。たまゑのこともお稲荷さんのこともまったく知らなかったので、あとで調べてびっくりしたという。

結局、次の法廷で、当事者たちは罪を認め、平身低頭で謝り、賠償金は全額支払うと言った。たまゑは若い社員の母親から感謝された。

この事件は、当時、自動車が一般に普及しはじめ、車の販売会社が各地にできていたことを反映している。福知山にもその会社がいくつもできていたのだった。これはやがてマイカー時代が到来する前触れだった。

立ち退きを迫られた人を救う

前田時代、たまゑはもうひとつ調停に関わった。この事件は、昭和二十三年（一九四八）に伏見稲荷で知り合いになった信者が関係していた。信者は講員になっていた。

この頃、信者は立ち退きを迫られたことがあった。地主に「立ち退き料を払うから家を出ていけ」と言われたが、出ていっても住むところがなかった。立ち退きの期限が間近に迫っており、それまでに別の場所に土地を買って家を建て、今の住居を明け渡すことは不可能だった。

信者はたまゑに相談した。たまゑが神様に伺うと、神様は、「心配しなくてもいい。間に合うように建ててやる」と言われた。信者にそのことを伝えると、信者は「そんなことは無理だ」と言って信じなかった。砂澤は「神様を信じなさい」と言った。

たまゑは建築関係の仕事をしている信者を思い出し、その人に声をかけてみた。その人はある建築会社を紹介してくれた。「ここならなんとか引き受けてくれるかもしれない」と言った。その会社に連絡すると、すんなり引き受けてくれた。驚いたことに、即座に土地を手当てし、工事にかかってくれた。工事は突貫で進み、立ち退き期限の間際に完成した。信者は路頭に迷わなくてすんだ。

最初のお塚を造る

昭和四十四年、たまゑは大切な人を二人と愛犬を一匹失った。苦難はまだ去らなかった。一月に、鳥取に来たとき和田山からついてきた犬のメリーが死んだ。メリーはたまゑの膝にもたれて息を引き取った。メリーは人間よりもたまゑの心がわかるたまゑの心の友であり、慰めだった。

たまゑはメリーを子どもたちにつけて、子どもたちはメリーと一緒に暮らした。たまゑは犬が好きで、生涯で三匹飼った。砂澤は、「犬は賢い動物で、眷属さんと同じだ」と言った。たまゑはメリーを自宅の近くに葬った。その墓は安産の神様として人々が訪れている。

四月、戦中に結婚したいと思っていたという手紙をくれて戦死した男性の母親が亡くなった。

砂澤と三丹支部の一五〇番のお塚

事故死だった。母親とは戦後も付き合いがあり、母親はたまゑを実の嫁のごとく可愛がってくれた。この出来事はたまゑにとってショックだった。たまゑは歌でこの人を「姑」と書き、男性を「亡夫」と書いている。「自分の本当の夫はこの男性であり、姑はその母親だった」と生涯思っていた節がある。たまゑは情の深い人だった。

伏見稲荷では九月に三級教師となった。また稲荷山の御膳谷に初めてお塚を造った。一五〇番のお塚である。これはたまゑにとって画期的な出来事だった。これによって自分たちの神様を祀ることができる自分たちのお塚が持てたことになり、御膳谷で自分たちのお塚に参ることができるようになったのである。もはや他のお塚に参る必要はなくなった。

これを機に、たまゑは御膳谷に次々とお塚を造りはじめる。その第一歩が記されたのだった。祭神は三丹支部の神様である豊受と豊川の大神などである。

最初の共同設立者の一人はある女性だった。女性は前田時代に講員になったようだ。この女性の夫は農業と井戸掘りなどを生業としていた。夫はよく水の出る場所をたまゑに教えてもらうようになった。

ついで十月に、山寺住まいのお花の師匠でもあった尼さんが、長患いの末ひっそりと亡くなった。この人はたまゑにとって心の友であり、悩みの相談相手だった。やはり落胆は大きかった。

御幣のおかげで助かった牛たち

昭和四十五年（一九七〇）二月、たまゑは伏見稲荷へ行った。お滝などの行もした。このころ伏見稲荷へは年に二、三度しか行っておらず、もっぱら病気療養と家庭のことに専念していたようだ。

四月に次男が国鉄に就職した。長男はすでに成人しており、残すところ末っ子だけとなった。数年前から三人とも反抗期に入っていたので、たまゑは手を焼いていた。オートバイで出かけるので、事故が心配だった。

六月に山口県の秋吉台を訪れた。ここは短歌誌「水甕」の同人大庭青雨の住地だった。ここで近在地である仙崎港に満州から引き揚げてきたころのことを思い出し、感慨に耽った。

昭和四十六年(一九七一)は、二月と五月に伏見稲荷へ行った。

六月、山口県の湯本温泉で「水甕」同人による歌会が開かれた。辛いことが多い生活の唯一の息抜きだった。そのあとで秋吉台を訪れて鍾乳洞を見学した。

六月は、佐賀県の柳川にも行った。この時、近くの北原白秋《きたはらはくしゅう》の生家を訪ね、白秋詩碑を見た。柳川を訪れたのは、この頃に九州の熊本県荒尾市に扨所を造ったからだ。

十二月、山口県の湯本温泉の近くにある大内氏滅亡の寺・大寧寺《たいねいじ》を訪れた。この頃に山口県をよく訪れているのは、山口県に扨所を造ったからだ。

昭和四十七年(一九七二)四月、海難事故が相次いだ。遭難したが生き残った船長が自殺する事件も起きた。たまゑは海の仕事の恐ろしさを改めて痛感した。海に出る夫はしだいに体力的な衰えが目立ち始めた。

七月、たまゑは福井県の永平寺《えいへいじ》に参った。鳥取市の長通寺が曹洞宗だったので、永平寺とは縁が深かった。その関係で訪れたのだろう。のちに信者の子どもが僧になったとき、永平寺で修業することになる。山奥の森閑とした場所にたたずむ凛《りん》とした空気が張り詰めた高貴な寺である。

昭和四十七年九月十六日、中型だが激しい暴風雨を伴った台風二十号が、紀伊半島から富山湾へ抜け、関西を中心に大きな被害をもたらした。死者十一人を出し、床下浸水一万数千件に及んだ。福知山市の前田に住み、由良川のそばで牛を飼っていた講員土井（仮名）も被害に遭った。

由良川は、大雨が降るとよく増水し氾濫を起こす川である。この日の夜も由良川の水が氾濫し、土井たちは浅瀬に避難したが、水は牛舎に浸水した。飼牛は四〇頭いたが、そのうち浅瀬に避難したのは十四頭で、残りの牛は牛舎に取り残されてしまった。水は牛舎の天井近くまで上がり、土井は牛は死んだと覚悟した。

翌日の明け方、水が引きはじめた。牛舎の水も牛舎の外に流れ出した。それとともに、牛舎の牛たちが水に押し流され、川に流されてしまった。土井たちは牛を探しに、舟で川に出た。流された牛は二十六頭で、このうちの二十一頭はなんとか見つけることができた。中にははるか下流の大江町付近まで流されていた牛もいた。

残りの五頭は行方不明のままだったが、のちに四頭は見つかった。ただ一頭だけは最後まで発見できなかった。土井はその牛は死んだものと諦めてしまった。

のちに土井は、昨年牛を飼いはじめたときに、たまゑが言った言葉を思い出した。

「一頭だけ死ぬかもしれない」

それはこのことだったのかと気がついた。

牛たちが牛舎に取り残されたとき、水が天井近くまで達したにもかかわらず、生きていた理由もわかった。天井の下にわずかに空間が残されており、牛たちは集まって、そのわずかな空間に鼻を出してかろうじて息をしてしのいでいたのだった。

土井が牛舎の柱を見ると、水が上がった一番上の高さの場所に、三丹支部で御祈禱してもらった御幣《ごへい》がつけてあった。水はこの高さで止まっていたのだった。牛たちは御幣のおかげで助かったのだった。

十月、鳥取で息子がオートバイで事故を起こし、友人を轢いた。病院に駆け付けたたまゑは、気をもみ、義理の母親であること、そして再婚を悔いた。

お山禁止

唱和四十七年ごろから、伏見稲荷で深夜にお山をすることがしだいに物騒になった。そして一時期、お山が禁止された。そのためにたまゑは深夜にお山をすることができなくなった。禁止された理由は、この頃から「おさげ」と称された刑務所帰りの人たちや浮浪者が、集団でお山を荒らすようになったからだ。彼らは大阪の釜ヶ崎などからやってきた。賽銭やお供えを奪い、カメラやハンドバックを狙った盗みも働くようになった。

神様はたまゑに「人間の心が一番恐ろしい」と言われた。神様は隠れて出てこられなくなった。深夜にお山をしていた時代、神様は安心して動いておられたが、それができなくなってしまったのだった。

この禁止令はのちに解禁された。

昭和四十年から四十七年、日本は高度経済成長下にあり、昭和四十二年には国民総生産額が世界第三位になった。日本は生産に邁進したが、その反動は公害や交通戦争となって現れた。

この時代は昭和元禄と謳われ、モーレツの時代と言われたが、ある意味で太平楽な時代だった。国民はやや豊かになったので、消費行動は三種の神器からカラーテレビ、クーラー、自家用乗用車（カー）の3Cへと変化した。

昭和四十五年は大阪万博で盛り上がり、経済大国を世界に誇示した。一方で三億円強奪事件など金にまつわる事件が起きた。

学生運動が再び盛んになり、日大、東大の紛争を皮切りに、紛争は全国の大学に拡大し、学園封鎖などが相次いだ。学生が盛んに暴れた珍しい時代だった。よど号のハイジャック事件なども起きた。人々がやたらと声を張り上げる騒動しい時代だった。

昭和四十七年、たまゑを驚愕させた横井《よこい》庄一《しょういち》氏のグアム島からの生還は、まだ戦争は終わっていないことを人々に痛感させた。この年、札幌で冬季オリンピックが開催され、長期続いた佐藤栄作《さとうえいさく》内閣のあとを受けて、田中角栄《たなかかくえい》内閣が誕生した。これで世相が一変し、日本は土地の投機に血道をあげるようになった。地道に汗を流して物をつくることが馬鹿らしく見える世の中が始まった。

第十二章　内記稲荷神社に奉仕する

内記稲荷神社へ神様とともに移る

昭和四十年（一九六五）から、たまゑは福知山市前田地区にできた大きな教会で神様を祀っていたが、神様は「ここは嫌いだ、長くはいない」と言われた。たまゑは不思議に思っていた。昭和四十八年（一九七三）二月、福知山市内にある内記稲荷神社の関係者から「外拝殿を新築したのでお祀りしてほしい」という申し出を受けた。たまゑはこの神社に奉仕することに決めた。神社に自分が祀っている神様とともに移り、これに伴って三丹支部も同神社所在地に移した。たまゑは五十一歳になっていた。

こうしてたまゑは内記稲荷神社に神職として勤めることになった。前田の教会を去ることになったとき、大きな教会を建ててもらったのになぜ他に移ってしまうのかと、事情を知らない人々は不思議がった。前田の教会はたまゑが去ったあとしばらくして取り壊された。今、跡地はミツマル業務スーパーになっている。

内記稲荷神社に奉仕することになったたまゑは、教会巫から神社巫《じんじゃふ》に昇格した。オダイで神社を持つ人や神社に奉仕する人は少なかった。ほとんどの人は里巫《さとふ》として終る。異例の昇格だった。

内記稲荷はこの時まで専任で神様を祀る神職がいなかった。そのため新築を機に、専任としてたまゑが呼ばれたのだった。

神社にはたいてい奉賛会がついており世話をしている。奉賛会は神社のある町内の住人の集まりで、会長を置いている。内記稲荷の場合、奉賛会があったにもかかわらず、何も世話をされず、ほったらかしにされていた。社務所は建て替える前の古いもので、集会所代わりに使われ、碁会所にもなっていた。

たまゑが住むことになる神社のそばの家は、近くの役所の官舎として使われており、神社とは関係のない人が住んでいた。神社全体がメチャクチャになっていた。

外拝殿新築にあたり、伏見稲荷の奥村禰宜《ねぎ》が神社の調査に訪れた。その結果、内記稲荷神社には豊受と豊川の神様が祀られていたことが明らかになった。

内記稲荷神社は福知山城址の近くにある。神社は江戸時代の寛政四年（一七九二）、福知山城主だった朽木《くつき》公が、伏見稲荷大社より豊受の神様を、また豊川稲荷より豊川の神様を勧請され、お城の北の隅にあった小高い丘の上に祀られたのが始まりだった。

江戸時代になると、各地の大名がこぞって城の中に稲荷を祀るようになった。城稲荷である。織田信長は神仏が嫌いだったので見向きもしなかったが、豊臣秀吉は神仏を祀り、特に稲荷を丁重に扱った。秀吉は伏見稲荷の楼門なども建てている。伏見稲荷の前を走る伏見街道を通したのも秀吉である。伏見稲荷の門前町は秀吉以降発展を見た。そのため豊臣秀頼以後、大名の間で稲荷を祀ることが流行った。

現在の内記稲荷神社

江戸時代になって、朽木公は、城の一角に祀っていた稲荷を内記一丁目から六丁目の商店街の発展を祈って、今日の場所に移した。そのために、内記稲荷の入口には、今も朽木昌《まさ》綱《つな》公の建立した石の鳥居が残っており、葵の紋のついた額が上がっている。

たまゑに内記稲荷の話がきたとき、たまゑの祀っていた神様は、「どれほどこの日を待っていたことか」と喜ばれた。たまゑについていた神様は、内記稲荷の神様だったのである。神様は外拝殿ができるまで待っておられたのだった。そのために福知山に行きたがられたのだ。

またもや病魔に襲われる

内記稲荷神社に奉仕することになり、たまゑは末っ子を連れて鳥取から神社のそばに移り住んだ。末っ子はまだ幼くて手がかかったからだ。この年の春、末っ子は舞鶴の高専に入った。上の二人の子はすでに就職していた。だが、鳥取は完全に引き払ったわけではなく、たまゑは鳥取と福知山をしばらく行き来していた。処理しなくてはいけない問題がたくさん残っていたからだ。

内記稲荷に移った昭和四十八年は、鳥取の家族に変動があった。一月に発話障害がある義弟のオッチャンが亡くなった。たまゑはオッチャンの最後を看取った。義弟は最後は水を乞い、たまゑの手を握りながら息を引き取った。たまゑは人並みの生活が送れなかったオッチャンが哀れでならなかった。

たまゑは四月に内記稲荷で大祭を行なった。この時、主人の茂と長男が祭りを手伝った。二人は教師の資格を取っていた。たまゑの喜びはひとしおだった。「ようやく一家に平和が訪れた」と言っている。

たまゑはゆくゆくは長男に自分の跡を継がせようと思っていたようだ。しかし、長男は決して継ごうとはしなかった。長男は「自分が跡を継ぐとすぐに支部を潰してしまう」と言って固辞した。自分にはたまゑのような力がないことがわかっていたのである。

五月三十一日、長男が結婚した。長男は実家を引き継いだ。長男夫婦と一緒に暮らすことは気が引けたのか、たまゑは子育て終了ということで、完全に福知山に移ることに決めた。

こうして福知山と鳥取の二重生活に終止符が打たれることになった。

主人の茂もこれを機に船から降りることにし、鳥取を離れて福知山に移ってきた。八月のことだった。茂は完全に陸の人となり、慣れない土地で新しい生活を始めることになった。

高齢の身で、生まれ育った土地ではない見ず知らずの土地で新しい生活を始めることは、慣れないことが多く、辛かったことだろう。茂は三丹支部の仕事や神社の仕事を受け持つようになり、たまゑを補佐することになった。ここに夫婦の新しい二人三脚が始まったのだった。

内記稲荷神社の自宅のそばに立つ砂澤

たまゑは神社巫となり、神社持ちとなったため、神職の仕事もするようになった。地鎮祭などである。稲荷を祀っている会社に定期的に祭りなどで呼ばれるようになった。オダイの仕事に加えて、新しい仕事が増え、さらに多忙になった。神職の仕事をするようになったことは、これまでと違う大きな変化だった。

ところが、内記稲荷に移り、さあこれから再出発だという年の十一月、たまゑはまたも病魔に襲われた。今度は脳梗塞で倒れたのである。一時期、意識がなかった。すぐに病院に運び込まれて手術を受けた。手術は成功し一命は取り留めたが、運び込まれたとき、医者に「助からない」と言われた。たまゑは高血圧の体質だったので、発病はこれが原因だと思われる。

病院では、福知山にきて間もない茂が、付きっきりで看病した。手術後まもなく失われていた意識が回復した。完全に失われていた味覚もしだいに戻ってきた。たまゑはまたもや死にかけたが助かってしまったのだった。よほど不死身にできていたようだ。

入院は翌年の一月まで続いた。

初めての安住の地

昭和四十九年二月、病院から退院したたまゑは、神社とオダイの仕事を再開した。以後約三十年間、内記稲荷神社のそばに定着し生活した。それまで各地を転々としてきたたまゑにとって、ここは初めての安住の地だった。後年、「この時期が一番穏やかで楽しかった」と回顧している。たまゑは伏見稲荷で出世の階段を上りはじめた。

たまゑは夫とともに神社の世話をし、境内の社務所の一室に神殿を造って神様を祀り、御祈禱を受け付けるようになった。訪れる人はうなぎ上りに増えていった。

社務所では三丹支部の祭りも行なった。祭りはほぼ月に一回行なわれた。社務所の二つの部屋は講員で満員になった。

伏見稲荷にもよく通うようになった。大きなお祭りがあるときは必ず出かけるようになり、参集殿で数日滞在するようになった。最低でも年に六回は出かけるようになった。その間、内記稲荷は主人の茂が世話をしてくれたので安心して滞在できた。後年は自家用車で伏見稲荷まで送り迎えしてくれる信者が現れたが、当時は福知山を通る山陰本線で通っていた。

生活は以前に倍して多忙になり、歌を詠むこともなくなっていった。歌は子どもたちと生活の記録だった。子育てが終わったことで、作歌の目的を失ってしまったのかもしれない。

講員は福知山市を中心に増えていった。講員は商売をしている人や自営業の人が多くなった。たまゑの神様は農村と漁村の神様から都市の神様へと変貌を遂げたのだった。

生活が落ち着いてくると、やや暇になる六月ごろ、講員との親睦と行を兼ねて、講員たちとよく西国三十三番札所や高野山など、各地の聖地に旅行に出かけるようになった。聖地では行をしていると変なことがよく起きた。こうして一年の活動のパターンが確立していった。

同年（昭和四十九年）、たまゑは内記稲荷に移って初めて仲人をした。新郎は山東町時代によく遊びにきていた隣の上地家の男の子で、立派に成人し、市内で就職していた。新婦は福知山市在住のある女性だった。たまゑは二人を社務所で見合いさせた。話は順調に進み、二人は結婚した。たまゑはその仲人を務めた。

たまゑは生涯を通じて多くの結婚の世話をし、仲人をした。相手は神様が選ばれた。神様の縁結びである。砂澤は、「神様は結婚相手をうまく選ばれる」と言った。逆に、神様が「よしたほうがいい」と言われた結婚はうまくいかないことが多かった。

上地家の新郎新婦は、結婚後なかなか子どもができなかった。二人がたまゑに相談すると、たまゑは二人に「お山をしろ」と言った。言われたとおりに二人は稲荷山でお山をすると子どもができた。

子育てからの解放

昭和五十一年（一九七六）、たまゑは伏見稲荷から教師任用資格の礼階を授与された。

同年八月三日、稲荷山の御膳谷に二番目のお塚を造り、地鎮祭を行なった。祭神は末廣《すえひろ》大神《おおみかみ》などで、眼力さんも祀られている。お塚は一基造るのに多額の費用が必要なので、ほとんどがたまゑと信者たちの共同出資による建立だった。

共同出資した講員の一人は、電柱に登って仕事をしていたとき、高圧の電線に触れて、電柱から落ちて死にかけたことがあった。病院に運び込まれると、医者は「これはだめだ。首の骨が折れているから助からない」と匙《さじ》を投げた。

ところが神様は「大丈夫だ、助かる。別の病院へ連れていけ」と言われ、別の病院の名前を言われた。そこで病院から男性を連れ出し、別の病院へ移した。この病院で、神様は「そっと寝かせておけばそれで治る」と言われた。

たまゑは信者について看病した。ある時、割りばしにガーゼを付け、水を含ませて口元に持っていった。すると意識不明だったにもかかわらず、信者は水を吸いはじめた。そして、アイスクリームを食べはじめた。それからもしばらく眠り続けていたが、ある時、目を覚まし、かたわらについていた夫人を見て、「靴下にごみがついているぞ」と言った。それから快方に向かった。医者は「なぜ治ったのか不思議だ」と言った。

もう一人の共同出資者の男性は、ある時、手足が動かなくなった。たまゑが御祈禱すると、自宅の裏に祀られていた神木の梅の木を切って焚き火をしたからだとわかった。

神木を祀ると、亡くなった母親の霊が出てきた。母親は死んだときに着せた着物を着ていた。母親は男性にそっくりだった。男性の妹はそのことを知ってびっくりした。神木を祀ると、手足は動くようになった。

男性は男兄弟をすべて亡くしていた。男性が結婚すると、女ばかり四人の子どもを授かった。親族は兄弟の生まれ変わりだと言った。

この年、たまゑの次男が結婚した。次男は福知山に住むようになった。

昭和五十二年（一九七七）三月、末っ子が舞鶴高専を卒業した。末っ子はすぐに就職はせず、世界旅行に出てしまった。こうしてたまゑは夫と二人きりの生活になった。たまゑの子育ては、完全に終わった。

昭和五十二年八月三十一日、実母のむなが他界した。七十六歳だった。たまゑは鳥取にいたころ、実母を伏見稲荷に連れていったが、この時は元気だった。

同年、三番目のお塚を建立した。祭神は末廣大神などだった。内記稲荷に移ってお塚の建立が相次いでいるが、これはお塚の建立に要する費用を補うに足るたまゑの収入の増加があったことと、三丹支部の講員が増えたことの現れだろう。

山口扱所での珍事

昭和五十二年か五十三年ごろ、たまゑは三丹支部の信者数人と二台の車に分乗して、山口県大島郡久賀《くか》町にあった三丹支部の扱所に御神璽を鎮めに出かけた。扱所は同町のみかん山の某氏宅に置かれていた。某氏宅のあるあたりは、平家の落人集落だった。

某家は白龍さんとお不動さんを祀っていたが、大雨が降ったときに流されてしまったので、「新しく神様を降ろして祀ってほしい」と依頼がきたのだった。ここのおばあさんは人の死期がわかった。

当日は雨だった。「龍神さんを祀るときは、いつも雨が降る」と砂澤は言った。某氏宅に着くと、お祭りが始まった。その最中に奇妙なことが起きた。同行者の一人だった高田（仮名）の頭が上がらなくなってしまったのだ。高田はお祭りの間ずっと床に頭を付けたままだった。

原因はあとでわかった。高田はここに来る途中、車の中で早くから酒を飲んでいた。それを「不謹慎だ」と言って神様が怒られたのだ。神様はこらしめのために高田の頭を押さえつけてしまわれたのである。それがわかったとき、一同大笑いとなった。

某氏宅で御神璽を鎮めたあと、一行は慰労会を兼ねて津和野《つわの》に向かった。車の中で、たまゑは「某氏の家は難しい問題を抱えており、何かにつけてあせりすぎなのです」と言った。この扱所はのちになくなった。

津和野では旅館で一泊した。食事のとき、お吸い物にまつたけが入っていた。一行の中にひょうきんな女性がいて、それを見て卑猥《ひわい》な冗談を連発した。一同大笑いして騒いでいると、旅館の主人が血相を変えて怒鳴り込んできた。

ひょうきんな女性は龍神がよく憑く人だった。そのせいか生玉子をよく飲んだ。玉子は龍神の好物である。旅館でこの女性が大騒ぎしたので、他の宿泊者の手前、たまゑは九字を切って女性を動けなくしてしまった。それでこの人は旅館を出るまで口を利くことができず、動くこともできなかった。

ここはひどい旅館で、ムカデが出た。ムカデは毘沙門天の眷属である。これに懲りて宿泊を取りやめ、近くの湯本温泉に宿替えした。湯本温泉はたまゑが歌の会に出ていた旧知の町である。一同はこのあと解散し、たまゑは数人の信者とともに九州の扱所に出かけた。

内記稲荷に末社建立

内記稲荷神社の拝殿の後ろに、小祠がいくつか並んでいる。この中のひとつは白龍さんが祀られている。白龍さんが祀られたのは昭和五十三年のことだった。

ある日、たまゑが外出したとき、近所の工事現場で人が騒いでいた。何事かと思って近寄ってみると、大きな青大将が掘り出されていた。現場の人は気味悪がって、「早く捨ててしまえ」と言っていた。たまゑは、関係者に、「将来ここにできるビルの屋上にこのヘビを祀りなさい」と言った。だが誰も聞かなかった。

たまゑはヘビを持ち帰ることにした。ところが大きすぎて自転車に積んで帰れなかった。たまゑが、ヘビに「小さくなってくれ」と言うと、ヘビはふと頭を動かして、自分からミカン箱の中に入ってしまった。たまゑは、その箱を自転車に積んで、神社に持ち帰った。神社で夫に頼んで、穴を掘ってもらった。

ところが、ヘビは「自分を祀ってほしい」と言いはじめた。たまゑはその費用がなかったので祀ることができなかった。その旨をヘビに伝え、「どうしても祀ってほしいのなら、誰か他の人に頼みなさい」と言った。

しばらくして舞鶴在住の中年の女性が、内記稲荷にたまゑを訪ねてきた。女性は六十万円を差し出し、「これで龍神さんを祀ってほしい」と言った。たまゑは訳がわからず、その理由を尋ねた。女性は次のような経緯を語った。

内記稲荷神社の白龍が祀られている小祠

ある日、女性は激しい腹痛に見舞われ、近くの病院に救急車で搬送された。病院で手術を受けることになったが、困ったことに麻酔がまったく効かなかった。医者は、「これでは手術ができない、もうだめだ」と匙を投げてしまった。

女性は、成す術《すべ》もなく、病室で苦痛の中でのたうち回っていた。すると意識が朦朧《もうろう》としてきた。その時、幻覚の中で白いお稲荷さんが出てこられ、「六〇万出すのと死ぬのとどちらがいいか。六〇万出せばお前の命を救ってやる。自分は世に出たいのだ。祀ってくれ」と言った。さらに「そうしてくれれば、命を助けてやるだけでなく、息子に嫁をもらってやるし、男の子も授けてやる」と付け加えた。それは麗々しい男の声だった。

女性は、それを聞いて思わず、「六〇万用意するから助けてほしい」と懇願した。すると麻酔が効くようになり、腹部を切開することが可能になった。手術が進むと、大量の便と血が出た。手術は成功した。

退院した女性は、夫に「六〇万出してほしい」と言って、その理由を話した。最初は渋っていた夫も、奇妙な経緯に驚き、お金を用意してくれた。女性はそのお金を持ってここに伺ったのだと言った。

女性の話を聞いたたまゑは、さらに詳しいことを知るために、御祈禱をした。その結果、女性の幻覚に現れた神様は、たまゑが祀れないから他の人を探しなさいと言った青大将であったことがわかった。さらに、女性の腹痛の原因は、自宅を建てるときに、祀っていた白龍さんを捨てたためだったこともわかった。

たまゑはそのお金で龍神さんを祀る祠を建てることを引き受けた。見積もりを取ると「五十五万だ」と言われた。女性にそのことを告げると、女性は残りの五万を「お礼だ」と言って置いていった。結局、事は六〇万でぴたりと収まってしまった。

女性の息子は視覚障害者だったが、非常に信仰心の厚い人だった。不思議なことに、一年後に息子に本当に結婚相手が現れた。そして男の子二人の子宝に恵まれた。

一方、ビルの屋上にヘビを祀らなかった会社では、社員二人が死んだ。

なんとも不思議な顛末だったが、神社の境内の小祠もそれぞれが何らかの理由で祀られていることを、この話は物語っている。

信者の独立騒動

昭和五十三年ごろだった。夜、たまゑは稲荷山で信者たちと滝行をしていた。この頃になると、深夜のお山は再び解禁されていた。内記稲荷に移ってから、また伏見稲荷に出かけて行をすることが増えていた。

夜の十時ごろ、あるおばあさんが助けを求めて、滝行をしていたたまゑを訪ねて稲荷山に登ってきた。奈良の人で、幽霊のような、異様な感じの人だった。訳を聞くと、「娘がノイローゼになり、医者にかかってもどうしていいのかわからないと言われた」という。おばあさんは成す術もなく、薬師寺の管長に相談すると、管長は砂澤の名前を告げ、「この人だったら直してくれるだろう」と言った。それでやってきたのだという。

たまゑが御祈禱すると、娘さんにはあるものが憑いていることがわかった。たまゑは拝んでその霊を切った。すると娘さんはよくなり、勤めにも出られるようになった。これをきっかけとして、奈良のおばあさんの家とつながりができ、相談を受けるようになった。十数年後、おばあさんのお孫さんが相談にくることになろうとは、この時はたまゑも想像しなかった。

昭和五十四年（一九七四）ごろだった。すでにたまゑには多くの信者がいた。その中の一人の男性が、たまゑを離れ、独立して自分で教会を造ろうとする事件が起きた。男性は京都の聖護院《しょうごいん》のある先生に師事するようになり、たまゑよりも「よく当たる」と言って、三丹支部を辞めてしまった。ある先生は霊能力があったという。

男性は三丹支部の名前も使おうとした。市内では偉い先生がやってくるという噂が流れた。たまゑにとってライバルが出現したことになる。たまゑは危機に直面した。

たまゑは来るものは拒まず、去るものも追わずで、勧誘はいっさいしなかった。そのために、多くの人が信者になっては離れていった。中には平気で裏切る人もいて、世話になっておきながら手の平を返す人もいた。たまゑを騙す人や、利用しようとする人はあとを絶たなかった。オダイの仕事は収入が多いので、ついやりたくなってしまう人が多いようだ。たまゑはいつもそういう人に煮え湯を飲まされてきたが、仕方がないと達観していた。

結局、この独立騒動は、動き出しはしたものの、なぜかうまくいかず、消滅してしまった。たまゑの神様が男性の独立を潰してしまったのか、そのあたりのことは不明である。

ちなみにこの男性は稲荷山の三番目のお塚を共同で造った人の一人だった。男性は熱心で有力な三丹支部の講員だった。

有名ホテルの経営者を追い返す

生活は安定期に入った。たまゑは霊能者としての評判が高くなるにつれて、以前にも増して多忙な生活を送るようになった。

講員は福知山市の市内の住人が多くなった。商売をしている人などが増えていったが、農業をしている人もいて、その人たちは自分の家で採れた野菜などのお供えを持ってたまゑの自宅をよく訪ねてきた。来た人には別のお供えのお裾分けを「お下がりだ」と言って持って帰らせた。たまゑは手ぶらでは絶対に帰らせなかった。

相談の電話も昼夜を問わず、煩瑣《はんさ》にかかってきた。かけてくる人は、自分のことで頭が一杯だから、人の迷惑など眼中になく、時間などおかまいなしだった。娘が行方不明になったからどこにいるのか探してほしいとか、いい用件はまずなかった。

ある時、某有名ホテルの経営者から電話がかかってきた。ある人の紹介だと言った。以前、ある人からこの経営者に会ってほしいと頼まれたことがあったので、仕方なしに会うことにすると、経営者は黒塗りの高級車でやってきた。見ただけで相続争いをしている欲の塊だとわかった。手にいくつものも宝石の指輪をしていた。たまゑは用件も聞かずに追い返してしまった。

騒動は絶えず、近くで線路に飛び込もうとしている人がいると神様が知らせることもあった。しかしどうすることもできなかった。

警察やお寺からも事件の処理を持ち込まれることが多くなった。警察は「よろず相談所という看板を上げろ」と言った。

たまゑは内記稲荷でもまた犬を飼うようになった。鳥取時代に続いて三匹目で、タローと名づけた。柴犬だった。賢い犬で、神社に賽銭泥棒がやってくると必ず吠えた。神社に賽銭泥棒はつきもので、ある時タローが吠えたので、そのことに気づいて現場を取り押さえると、立派な初老の紳士だった。紳士は「金に困ってついやってしまった」と告白した。人は見かけによらなかった。

タローはとても賢い犬で、たまゑの言うことがよくわかった。お使いはするし、検査に連れていくと、ちゃんとレントゲンの台に乗っておとなしくしていた。注射のときも騒がなかった。物わかりのいい犬だった。この犬も十年以上生きていた。犬は透視などのＥＳＰがあるという。タローは人の心がわかり、おそらくテレパシーも持っていたと思われる。

たまゑは自宅の前に小さな畑を作っていた。しかしカラスがやってきて、作物を取って食べてしまうので困っていた。そこでカラスに「イチジク以外の物を取ったら子を産ませないよ」

と言うと、カラスはピタリと作物を取るのをやめてしまった。これはたまゑが鳥と意思伝達ができたからだろう。

たまゑが鳥の心がわかったのは、早春に稲荷山でウグイスの鳴く声から、ウグイスが言っていることを感じ取っていたことでも明らかである。

昭和四十八年（一九七三）から昭和五十三年の日本は、高度経済成長が終わり、先の見えない不確実な時代に入っていった。終末感が漂っていた。

昭和四十八年、日本は石油危機によるオイルショックに見舞われ、物不足によるパニックが起きた。トイレットペーパーがなくなるという噂が駆け巡り、主婦が買い集めに走り回る姿が報じられた。地価は高騰し、昭和四十九年も地価は二倍になった。狂乱物価と騒がれた。

首相の田中角栄は金脈問題で辞任し、のちに逮捕された。学生運動は内ゲバを繰り返し、内向し自壊していった。昭和五十一年、企業倒産が戦後最大となり、日本全体に停滞感が漂った。

昭和五十二年、成田空港が開港し、海外との交通の拠点となり、空の混雑緩和の目処が立った。この年、赤軍派が日航機をハイジャックした。

昭和五十三年、嫌煙権が主張されはじめ、人々の志向は清潔へと向かい、時代の空気は変わった。この間、企業は危機を克服するため、合理化と技術革新に勤め、招来の発展に備えて努力を重ねていた。それが次の時代の繁栄を招いた。時代の変わり目だった。

第十三章　最高位を極める

坪原喜三郎が伏見稲荷の第十三代宮司に就任

昭和五十七年（一九八二）四月一日、伏見稲荷は第十二代宮司藤巻正之のあとを受けて、坪原喜三郎が第十三代宮司に就任した。

たまゑは昭和二十三年（一九四八）ごろから坪原とは面識があった。当時、二人ともまだ若かった。昭和三十八年（一九六三）の参集殿建立は、藤巻の手がけた一大事業のひとつで、坪原は藤巻の片腕として活躍した。たまゑはその計画に賛同し、坪原に協力した。

坪原は温厚な人だったが、芯が強く、以後約三十年間宮司として在任した。たまゑは坪原に引き立てられたといってよく、伏見稲荷に行くたびにあいさつに伺っていた。たまゑは坪原を敬慕していた。坪原とともに歩んだといって過言ではない。たまゑは以後トントン拍子で出世していった。

たまゑは参集殿の建立だけでなく、伏見稲荷に行くたびに多額の寄付をしていた。そのお金は境内の設備の修理や維持などに使われた。たまゑは内記稲荷で得た賽銭はすべて伏見稲荷で撒き、御祈禱料は寄付していた。以後の昇進はこうした貢献が大きく評価されたのだろう。

同年三月、たまゑは奈良県高取町《たかとりちょう》にある壺阪寺《つぼさかでら》のインドから招来された大観音の開眼式に招かれた。この時、お正念入れの一筆を置いた。たまゑは大観音像建立にあたって多額の寄付をしたので、開眼式に招かれたのだった。

壺阪寺は西国三十三番札所のひとつで、観音信仰の寺である。昔から眼病に効く寺として有名である。そのために境内には盲人専用の施設が設けられている。たまゑは寄付をした関係でこの施設に入る資格を与えられた。

たまゑは晩年、目を悪くしていたので、夫を亡くして一人暮らしになったとき、この施設に入ろうかと考えていたことが一時期あったが、これは実現しなかった。


この頃、たまゑは神様に言われてウォーキングを始めた。当時、日本はバブル期で、衣食足りた金余りの日本人は、健康が気になり始めていた。このあと日本はウォーキングブームとなり、日本各地で数多くのウォーキング大会が開かれるようになった。万歩計などの歩行グッズもよく売れた。

たまゑの歩き方は少し変わっていた。近くの学校の校庭を草履ばきで手を大きく振って歩くのである。砂澤は、「靴よりも草履がいいのは足の指を使うからで、ツボは指とつながっている、足が一番ひどい目に遭っている、足が一番大切だ」と言った。

また「胸を張って歩くので、これも体にいいし、胃が悪くてもよくなる、血圧も下がるので、これも助かる」と言った。たまゑは高血圧の体質で、高齢者になってからも血圧が二〇〇を超えていた。それでも倒れずになんとかもったのは、ひとえに「行と歩いていたおかげだ」と言った。神経痛を患わずにすんだのもそのおかげだという。

たまゑは信者たちにも歩くことを薦めたが、「そんなアホなことできるかいな」と言って誰もやらなかった。そう言った人たちはみんな足を悪くしてしまった。

四番目のお塚を造る

昭和五十八年（一九八三）三月、砂澤は四番目のお塚（一九五番）を造った。砂澤は死後、このお塚に「豊玉大神《とよたまおおみかみ》として入ることになっている」と言った。

四番目のお塚の共同設立者の一人である男性は、古くからの信者だった。この男性は農業のかたわら井戸掘りの仕事などもやっていた。井戸掘りは、地下に水があることがわからなければ

四番目のお塚（一九五番）

ば、掘っても水は出ない。私たちは水が出るか出ないかなどわからない。だが、空海はそれがわかったと言われている。そのために空海が掘ったと言われる井戸や湧き水が各地に残っている。たまゑも掘れば水が出るか出ないかがわかったので、この男性はよくたまゑにそのことを尋ねていた。砂澤は「ミーさんは土の下に水が流れているかをよく知っている」と言っていた。ちなみに、「ミーさん」とは蛇霊（神）のことで、霊狐とともに稲荷山の眷属神である。砂澤は、「稲荷信仰はミーさんと白狐だ」とよく言っていた。

ある日、男性は、たまゑに「水が出る」と言われて掘ったのに、水が出なかったので、帰宅後、電話でたまゑに文句を言ったことがあった。すると、「明日になれば、首まで浸かるほど水が出る」と神様が言った。翌日、男性が井戸用に掘った穴に入って作業をしていると、突然水が湧き出して、首まで浸かってしまったという。男性は慌てて這い上がった。

昭和六十年（一九八六）、たまゑは二級教師に任命された。この年、末っ子が結婚した。末っ子は舞鶴高専を卒業後、世界漫遊に出かけ、帰国後、東京でコンピューター関係の会社に就職していた。たまゑはこの子を可愛がっていた。

昭和五十七年から昭和六十年にかけては中曽根康弘《なかそねやすひろ》内閣の時代で、日本は裕福な人が多くなったため、国民の間で経済的な格差が広がった。そのためまる金、まるビという言葉が流行した。グルメの時代だった。その反動だろうか、連続テレビ小説「おしん」が大ヒットした。日航機の御巣鷹《おすたか》山墜落事故も起きた。ファミコンが登場し、子どもたちの遊びが一変し、学校ではいじめが横行した。エイズも発生した。お金があると社会の空気は悪くなる。

豊川稲荷に参る

昭和六十一年（一九八七）六月、たまゑは愛知県豊川市にある豊川稲荷に参った。豊川稲荷は豊川閣妙厳寺《みょうごんじ》の境内にある奥の院に祀られている。

妙厳寺の本殿は吒枳尼天《だきにてん》を祀っている。吒枳尼天は仏教系の稲荷で、白狐に乗った女性像として描かれている。境内は赤い鳥居も建っており、まさに神仏混交の寺である。

本殿脇の参道を奥に歩いていくと、本殿の裏手に奥の院がある。参道は千本幟《せんぼんのぼり》と呼ばれている赤い幟が林立しており、吒枳尼天と赤い字で大書されている。奥の院には霊狐塚があり、小さな狐の石像がたくさん奉納されている。

たまゑはこの時、霊狐塚《れいこづか》に三丹支部として二対の狐の像を奉納した。同時に同行していた信者の某建材店が一対の狐の像を奉納している。

たまゑが奉仕していた福知山の内記稲荷は、祭神が豊受大神と豊川大神だった。これらは江戸時代、福知山城内に祀られていたもので、豊川大神は豊川稲荷から勧請されていた。その関係で、たまゑは豊川稲荷によく参っていた。

たまゑは本殿の中の般若殿《はんにゃでん》で大般若経《だいはんにゃきょう》を転読したことがあった。この時、何万もする金のお経がひとりでにパラパラとめくれ上がる不思議なことが起きた。この寺では他にも変なことがよく起きたという。

ここにはバスを借り切って信者たちとよく参っていた。参ったあとは西国三十三番札所の谷《たに》汲山華厳寺《ぐみさんけごんじ》などによく立ち寄っていた。

内記稲荷に移って落ち着くと、比較的暇になる六月ごろ、たまゑは信者とともに親睦と行を兼ねて各地の神社仏閣に参るようになった。バスを借りきって何泊かした。各地で行をしていると、変なことがよく起きて大騒ぎになった。

紀州の熊野ではある男性が突然笑い出して止まらなくなった。原因はこの男性の神様が龍神さんで、龍神さんが喜んで男性に降りてこられたためだとわかった。他の場所では女性が笑い出し、蜂に刺されると笑いが止まったこともあった。

西国三十三番札所にはすべてお札を納めに参った。第三十番札所である竹生島《ちくぶしま》で、たまゑは「たくさんの神様や仏様を背負った人が来た」と言われた。憑いている霊が見える人がここにはいたようだ。竹生島は行場でもあり、ここに行に通っている人はかなりいる。

第三番札所である和歌山県の粉河寺《こかわでら》は、近くに古くからの信者がおり、たまゑは昔から泊りがけでよく御祈禱に行っていた。ここの子どもは話し方にやや難があったが、無事大手の会社に就職できた。

西国三十三番札所の寺は観音信仰の寺である。たまゑは観音様を信仰していた。稲荷の信者は観音を稲荷だと思っているようだ。これらの寺はいずれも稲荷が祀られていた。これは東寺で稲荷が祀られているのと同じである。砂澤は「霊の世界はつながっている」と言った。

四国の八十八番札所にも数か所参った。ここでは広島から来た団体に読経で勝ったという。これは明石海峡大橋が完成した平成十年以後のことだろう。

橿原《かしはら》神宮にも参っている。この時は公開されていない特別な部屋に案内され、感激したという。次に述べる高野山にもよく参っていた。

八〇〇人を超える信者

昭和六十二年（一九八七）七月、たまゑは高野山に行った。高野山にはよく出かけていたが、常に水行をしていた。同月十五日の早朝、奥の院のそばを流れている川で水行をしていると、お稲荷さんが「火事だからすぐに帰れ」と言われた。そこですぐに引き上げることにした。

火が出たのは午前四時で、火元は奥の院の入り口にある赤松院だった。ここはかたわらに苅《かる》萱堂《かやどう》がある。赤松院は赤松一族を弔っている寺で、本院には立派な庭園がある。新館の本坊は旅館である。

高野山は空海が開いた山中の宗教都市で、砂澤は「高野山は稲荷山同様、多くの霊が集まっているところだ」と言っていた。奥の院に向かう参道にはたくさんの有名人の墓が立っている。確かに日本を代表する一大聖地である。

たまゑは弘法大師を崇敬していたので、行を兼ねてここによく参っていた。

同年十月、たまゑは五番目のお塚（一九六番）を御膳谷に造った。祭神は豊川、末廣、権太《ごんた》夫大神《ゆうおおみかみ》などだった。

このお塚の共同設立者の一人は、小さな会社の女社長だった。夫が若くして亡くなり、どうしたものかと途方に暮れていたとき、たまゑに相談に行った。たまゑは女性に「夫の跡を継いで会社を続けなさい」と言った。女性は「まったく自信がない」と言って固辞したが、たまゑは会社を継ぐことを強く薦めた。ついに女性は跡を継ぐことを決心した。すると会社は順調に行きはじめ、不況下でもどんどん仕事が入ってくるようになった。

末の男の子が大学に入ったころから、女性は自分の車でたまゑを伏見稲荷まで送り迎えするようになった。昭和五十九年（一九八四）ごろのことだと思われる。たまゑはそれまではＪＲ山陰本線で京都まで通っていた。女性は参集殿にたまゑを送り届けると、自らも一泊して、翌朝は自分のお塚（一九六番）に参って帰るようになった。お塚に参って帰ると、必ず仕事が入っていた。だから仕事を取るのは困らなかった。これはお塚の効用のひとつだろう。

たまゑは御膳谷に上がったとき、いつも持っているお塚をすべて拝んでいた。まさに一日がかりの参拝だった。平成十三年（二〇〇一）ごろだっただろうか。ある時、いつものようにお塚を拝んでいると、一九六番のお塚の前で、突然たまゑがせき込み始めた。鼻の前で右手をしきりに左右に振って、何かを振り払う仕草をした。ひどく苦しそうだった。同行者は「いったい何が起きたのか」と不思議に思った。

その動作はしばらく続いたが、それが収まったあとで、たまゑは、「このお塚を造った一人で生前タバコが好きだった人が出てきたので、タバコの煙が臭くてたまらなかった」のだと言った。そう言われても、そんな臭いはたまゑ以外の誰も感じなかった。同行者はお塚に霊が出てきたことにも驚いたが、たまゑの嗅覚の鋭さと霊界にも臭いがあることにびっくりした。

出てきた霊は古くからの信者で、かなりのヘビースモーカーだった。信者の母親は肺に水がたまり、二回手術を受けて助かった。病気は男性が吸っているタバコの煙が原因だった。

そのことに気が付いていたたまゑは、男性に「タバコをやめろ」と言った。男性はそれでもやめなかったようだ。霊になってからも吸い続けていたのだろうか。


内記稲荷に奉仕するようになって、信者はどんどん増えていき、ついに最盛期には八〇〇人を超えてしまった。オダイとしてピークを迎えたのである。信者は全国に広がっていた。ここまで増えると、行き届いた世話をすることはできなくなった。持ち込まれる相談だけでも対応が大変である。基本的に一対一の仕事だから、一度にたくさんの人を相手にできないのである。

そのために、一人の信者に対して、ひと言短く神様の言葉を結果だけ伝えてすますようになった。それ以上のことをする余裕が物理的になくなってしまったのである。砂澤は「三五〇人ぐらいが限度」だと言った。

たまゑはお山をしているときや旅行に出かけたときに、かたわらにいた人に前触れもなく神様の言われたことを伝えることがあったので、信者はたまゑと一緒にいたがった。そのためにたまゑのそばにはいつも取り巻きができていた。追っかけも多く、最盛期には、伏見稲荷に行くと、たくさんの人が列を成して待っていた。

仏門に入る運命だった青年

昭和六十三年（一九八八）一月七日、昭和天皇が崩御された。日本は厳粛な雰囲気に包まれ、自粛ムードが広がった。翌八日、年号は昭和から平成に移行した。平成元年である。平成時代の幕が開いた。

当時、自民党は竹下登《たけしたのぼる》内閣で、のちに首相となる小渕恵三《おぶちけいぞう》官房長官が平成を発表したことは記憶に新しい。この時代、日本はバブルの絶頂期で、世界は東西の冷戦の終結を迎えようとしていた。激動の昭和は幕を閉じた。

二月十九日、昭和天皇の大喪の礼が新宿御苑で行なわれた。この時期まで自粛ムードが続いた。このテレビ中継はあまり国民の関心を集めなかった。

三月の終わりごろ、福知山で一人の青年がオートバイで日本一周に出かけようとしていた。青年はある女性信者の息子だった。京都の仏教関係の私大を卒業したが、就職先が決まっておらず、道元《どうげん》のことを調べるために全国を回ろうとしていた。

御膳谷入り口の鳥居

そのことを知って慌てた女性は、たまゑに相談した。しばらくすると青年は急に腹痛が起きた。その直後に、鳥取の尾下家の菩提寺である長通寺の住職から、「今すぐにお会いしたいことがあるので、すぐにそちらに伺います」という電話が入った。何事かと思って長時間到着を待っていると、息子さんと一緒に来られた住職が、青年を見るなり、「この青年が気に入ったので自分が預かる」と言って、鳥取へ連れて帰ってしまった。

青年はその後、長通寺で修業し、さらに四国に渡って修業し、今は僧侶になっている。青年に起きた腹痛はＰＫ現象で、神様が足止めされたのだった。「青年は代々続いた生家の不祥事の供養をするために、仏門に入らなければならなかった」のだと砂澤は言った。

同年、たまゑは御膳谷のお塚の入り口に鳥居を建てた。この鳥居は今はなくなり、その跡に現在の三丹支部の鳥居が建っている。

この年の夏、たまゑは自宅を建て替え、平屋を二階建てにした。建前の前日、台風が近畿地方を直撃するという予報が流れており、関係者はやきもきした。しかし台風は進路を変え、中国地方で北上して日本海に抜けた。砂澤は「神さんが台風を引いていってくれた」と言った。

新築を請け負った工務店の社長は、先代の社長が信者だった。先代のときはあまり儲かっていなかった。その社長が息子の縁談の相談をたまゑにした。息子はすでに跡を継いでおり、たくさんの縁談話があったが、どれもまとまらなかった。

相談のとき、神様がある女性を選んで、「この人と結婚すれば出世する」と言った。しかし親戚がみな反対した。先代はその反対を押し切って、この女性に決めた。その後、店は大きく発展した。女性はよくできた人で、従業員のあしらいもうまく、会社はうまくいった。男の子が三人できた。

昭和六十一年から昭和六十三年は金余りによる財テクブームで、地価が高騰した。地上げ屋が横行し、土地の売り買い、転売が盛んに行なわれる嫌な時代だった。金儲けに走る人が跋扈《ばっこ》した。中曽根首相は行政改革を断行し、国鉄が分割民営化された。

土地のバブル崩壊を免れた信者

平成二年（一九九〇）三月二十七日、大蔵省による土地バブル潰しが起きた。不動産融資の総合規制の設定である。これが引き金となって地価と株価が下がりはじめた。バブル崩壊である。十月ごろから景気の低下が顕著になり始めた。

この頃、福知山出身で某国立大学の教授をしていた人の奥さんが、たまゑに土地売却のことで相談に来た。教授夫妻の家は京都市にあったが、教授が定年後に亡くなったので、奥さんは地元の福知山に引き上げることにした。その準備として京都の自宅を売ろうとしたが、大きな家だったのでなかなか売れなかった。どうしたらいいのだろうかという相談だった。

たまゑは売る相手を教えた。すると話がトントン拍子で進み、売却が決まってしまった。その十日後に土地が一気に暴落した。

教授が亡くなった原因はがんだった。この時もたまゑががんだと教えたが、教授は「なぜそんなことがわるのか。バカバカしい」と言って、いっさい受け付けず、医者にもいかなかった。その結果、がんが発見されたときにはすでに手遅れだった。

平成二年十一月十二日、天皇明仁の即位の礼が行なわれた。世界一五八か国と国連から参列者があった。昭和憲法のもとで初めて行なわれた大嘗祭《だいじょうさい》だった。

平成三年（一九九一）は前年を受けてバブル崩壊の年だった。ここで日本経済の大転換が起きた。世界では湾岸戦争が勃発し、ソ連が崩壊した。

同年五月十八日、たまゑは九州の扱所に行った帰りに、雲仙《うんぜん》に立ち寄った。雲仙に泊まって地獄谷を歩いていたとき、硫黄の臭いをことのほか強く感じた。変だと思っていると、神様が「ダイ、帰ったほうがよさそうだな」と言われた。それですぐに宿を引き払い、出立した。

翌日、普賢岳が噴火した。大きな噴火で、一三〇〇人が避難し、死者三十七人が出た。

オダイとして頂点に立つ

平成四年（一九九二）二月、阪神の女子大に通っている近所の女子大生がたまゑを訪ねてきた。女子大生は卒業を間近に控えていたが、卒業後の進路が決まっていなかった。それで相談にきたのだった。女子大生は「おばちゃん、私何したらええんやろ」と言った。

たまゑは彼女が落語が好きなことを見抜き、「落語家になんなさい、そうしないと一生後悔しますよ」と言った。本人は桂三枝《かつらさんし》（現・六代目桂文枝《ぶんし》）の事務所に在学中から出入りしていたのだった。そう言われて、女子大生はすぐに落語家になることに決めてしまった。

ところが親は反対した。ひとり娘だったので、ゆくゆくは養子をとって家を継いでもらいたいと思っていたからだ。落語家になるなどもってのほかだった。たまゑは父親を説得するために、父親に「百日参りをしなさい、そして神様がわかったと言われたら落語家にしなくてもよろしい」と言った。すると父親は本当に百日間神社に参ってきた。しかし神様がウンと言われ

落語奉納会あとの記念撮影。写真中央の砂澤の左が桂文福。右が桂三扇

なかったので、ついに諦めてしまった。

女子大生は同年九月一日に桂三枝に入門した。たまゑは、「十年間は修行だ」と言い渡した。女性は桂三扇《さんせん》という芸名をもらい、女性落語家として活躍するようになった。伏見稲荷の行員大祭では、落語をかけるようになり、地元の福知山では福知寄席を始めた。たまゑはこの幹事を任されて、女性を応援するようになった。

平成十五年（二〇〇三）ごろ、福知寄席に師匠の桂三枝が出演したことがあった。この時、たまゑがあいさつに出向いて何か話すと、桂三枝が「おもろいおばはんや」といって面白がったという。

女性はその後、同じ業界にいた男性と結婚し、子どもに恵まれた。結婚式は伏見稲荷で行なわれ、たまゑは仲人をした。子どもの名前も神様がつけられた。男性は女性の家の養子に入り、転職して市の職員になった。父親は落語会の最中に亡くなった。

同年十月、三丹支部は特級支部になった。支部として最高位にランクされた。三丹支部を一番にするというたまゑの願いは達成された。

平成五年（一九九三）年は巳年だった。正月、たまゑは伏見稲荷にいた。朝、神様が「面白いものがあるから、御膳谷に上がれ」と言われた。上がってみると、お塚に供えたロウソクのロウが、ミーさんの姿になっていた。腹は白くてうろこ状、キラキラ光っていた。目は小さな点で、一つついていた。巳年にちなんで、物質化現象が起きたのだった。

平成六年（一九九四）、たまゑは一級教師になり、仁階を授与された。これで支部もたまゑも最高位を極めた。オダイの道で一番になるというたまゑの満願は達成されたのである。

平成四年から平成六年にかけて、日本は不況だった。平成不況と言われ、生活向上感は最低となった。平成五年、皇太子が結婚された。政界では新党が乱立し、自民党は下野して、細川《ほそかわ》護熙《もりひろ》連立政権が登場した。平成六年には社会党と自民党が連立するという前代未聞の政治劇が起きた。

第十四章　ひとりになる

阪神淡路大震災と地下鉄サリン事件

平成七年（一九九五）一月十五日早朝、阪神淡路大震災が起きた。局地的な地震ではあったが被害は大きく、関西に与えた衝撃は大きかった。死者五〇〇〇人、被災者三十一万人以上で、関東大震災以後最大規模だった。

たまゑは地震が起きることを三日前からわかっており、当日は早くから荷づくりをし、バッグをかたわらに置いて待機していた。どこでどんな地震が起きるのかはわからなかったが、揺れが来たときはすぐさま家の外に飛び出した。

阪神地域に住んでいるたまゑの信者はすべて無事だった。その中に西宮で看護婦をしている女性がいた。十五日早朝、その女性の夢に白衣を着たたまゑが現れた。たまゑは枕元に立ち、女性に「部屋の掃除をして、頭の向きを変えて寝なさい」と言った。いつも「西枕はだめだ」

と言われていたのに、東枕を西に変えろというのは変だと思ったが、言われたとおりにして、もう一度休んだ。地震が起きたのはそのあとだった。

地震が起きたとき、部屋中の物が倒れてきた。しかし、女性の頭は電気炬燵のかたわらにあったので、炬燵に守られる形となって助かった。

地震のあと、両親が女性に電話をすると通じなかったので、両親が女性のアパートに駆け付けると、アパートは倒れていなかったが、中はメチャクチャになっていた。炬燵の上には「大丈夫だ」と書かれたメモが置かれていた。女性は元気に病院に出かけていった。

もう一人の信者は、洋服ダンスが倒れてきたが、扉が開いたので、その中に肩から突っ込んだ形となり、服まみれになりながら無傷ですんだ。

尼崎に住んでいた青年は、地震後真っ先にたまゑに電話してきた。「周りのアパートは全壊したのに、自分のアパートだけは潰れなかった、自動車も無事だった」と報告した。

自然災害に続き、同年三月二十日、異常な人災が東京の地下鉄で起きた。オウム真理教の地下鉄サリン事件である。地下鉄の乗客に被害者が出て、東京は騒然となった。死者十二人、病院収容者五〇〇〇人だった。

私は当時、東京にいて、この地下鉄はよく利用していた。一歩間違えば騒動に巻き込まれていた可能性があったので驚いた。

以後、オウム真理教のアジトが捜索され、関係者が次々と摘発された。最終的に教祖の麻原《あさはら》彰晃《しょうこう》が逮捕された。この事件の特徴のひとつは、教団の幹部たちが高学歴だったことだ。その知識が犯罪に使われた、宗教の仮面を被ったインテリの犯罪だった。

オウム真理教はヨガ行者のコピーだった。信者はインド風の名前に変え、ヨガの行の真似ごとをしていた。それは上辺だけで実質が伴っていなかった。麻原はじめ幹部できちんとヨガの行を指導できるものはいなかったと思われる。オウム真理教は、従来の日本の新興宗教とは異なる異様な宗教だった。

当時、小説家の中島らもに代表される日本のインテリが馬鹿にしたのが、麻原の空中浮遊だった。麻原は霊能力がほとんどなかったと思われるので、空中浮遊はできなかっただろう。しかしは空中浮遊はまったく不可能なことではない。本格的な行を積んだ人はこれができるのである。

砂澤は、オウム真理教のことを、「教祖に欲が出たからだめになった」のだと言った。宗教は本来人助けをすることだが、オウム真理教は人殺しをしてしまったのである。これでは宗教とは言えない。

当時、日本はさまざまな新興宗教が登場していたが、この事件で一気に気運が萎《しぼ》み、宗教を嫌悪するムードが広がった。その結果、スピリチュアルを連呼する、軽い宗教もどきがブームになった。

この年はウィンドウズ95の日本版が発売され、パソコンの基本ソフトが固まり、以後パソコンは急速に普及し始めた。

六番目のお塚を造る

平成八年（一九九六）、たまゑは六番目のお塚を造った。兵庫県丹波市にある中堅の会社との共同設立だった。他のお塚とは異なり、このお塚は会社の単独所有に近いものだった。たまゑは仲介者として名前を連ねているにすぎなかった。

会社の経営者からお塚を造りたいという申し出を受けたたまゑが、伏見稲荷と交渉し、たまゑとの共同設立なら許可するということになった。

この会社の社長は二代目で、たまゑは先代の社長の時代から付き合いがあった。先代の社長が息子に手を焼き、困りきってたまゑのところに連れてきたのが、二代目との出会いだった。たまゑは二代目をよく叱ったという。

以来、たまゑは会社の経営についても相談に乗ってきた。一九九〇年代、日本の会社がこぞって中国に進出したとき、この会社も小さいながら中国で商売を始めた。その時、慣れない国での商売ゆえに失敗もあり、利益が回収できそうになかったこともあったが、何とか事なきを得た。たまゑは「中国はやめろ」と言った。

この会社の社長は、月に一回お塚に参り、滝行もしている。

この頃からケータイが急速に普及しはじめており、すでに四〇〇〇万台を突破していた。たまゑは生涯ケータイは所持せず、固定電話に頼っていた。

長通寺に観音堂と石碑を建立

平成九年（一九九七）三月、たまゑは鳥取市の長通寺に観音堂と石碑を建立した。長通寺は鳥取市の南東の岡益にある曹洞宗の寺で、尾下家（砂澤の旧姓）の菩提寺である。田を隔てて寺の西側に集落があり、たまゑの祖母はこの集落で教会を持っていた。

観音堂は私の背たけを上回るくらいの小さなお堂で、本堂手前を左に折れて坂道を下ると、左手に立っている。お堂の敷地は祖母の墓地として確保されていたが、何も建っていなかったので、昭和四十一年（一九六六）にたまゑが同寺を訪れたとき、お寺から「どのように使われてもかまわない」と言われた。たまゑは自分も跡を継ぐ者がいなかったので、「観音堂を建て

長通寺の観音堂と石碑

させていただきたい」と申し出た。その申し出を実行したのだった。

観音堂は死後自分が入るために造ったという。中に安置する観音像の顔は、奈良県の壷阪寺で撮影したたまゑが写っている写真を参考に石屋が彫った。完成までに一年かかった。確かにその顔はたまゑに似ている。砂澤は死後に仏さまとしてここに入ることが決まった。

像ができたとき、神様が「豊《ほう》珠《じゅ》観《かん》世《ぜ》音《おん》菩《ぼ》薩《さつ》」と名づけられた。神様は「豊かな玉のような丸い丸い心で一生を送ったからだ」と言われた。

たまゑは稲荷の神様とともに、観音、不動、地蔵を信仰していた。これは古代から続く庶民の信仰である。たまゑは各地の観音様を祀っている寺によく参っていた。神仏習合時代、稲荷は観音と習合していたので、観音様は稲荷神だったことがあったのである。

同時に造られた石碑は寺の入り口の両脇に立っており、おそろしく細長いもので、「皇陵自尊厳入此門」という文字が彫られている。


同年の夏、たまゑは信者の一人と稲荷山で予定にはなかった滝行をした。たまゑは後年、高齢と高血圧のために滝行ができなくなってしまうが、この時はまだ滝行をしていた。

滝行を終えて下山し参集殿に戻ると、ある信者から連絡が入っていた。孫が行方不明だという。たまゑは孫の名前と生年月日を紙に書き、その紙を持ってまた稲荷山に登った。白龍さんにその紙を備え、またそばの滝に入り行をした。滝場から出ると紙がなくなっていた。白龍さんが持って探しに行かれたようだった。

お稲荷さんにそのことを聞くと、「明日の朝になったらわかる」と言われた。

翌日、その子の居所がわかった。警察のブタ箱に入っていた。原因は万引きをしたことだった。神さんは、「そんな不埒な奴のことまで面倒見きれん。知らん」と言って怒り出した。砂澤は、「何度も滝行をさせられてとんだ災難だった」と苦笑いした。

この頃、地球温暖化が問題になり始めた。前年、東京では真夏日が三十七日間連続し、日本は非常に暑くなった。亜熱帯になったのかと言われた。夏は集中豪雨が各地で発生し、明らかに日本の気候は変わりはじめていた。

この頃、砂澤は「海の気温が上がり、魚が逃げ出している」と盛んに言った。京都にいても海のことがわかっていたようだ。

この年、山一證券などの証券会社や、北海道拓殖銀行などの銀行が相次いで破綻した。景気は最悪だった。

夫が倒れる

平成十年（一九九八）の初旬、たまゑの夫・茂が病で倒れた。検査の結果、内臓を患っていることがわかり、京大病院で手術を受けた。

たまゑは神社の仕事などがあったため、付きっ切りで看病することができなかった。そこで三人の息子に看病に付いてもらった。手術は成功したが、夫は車椅子生活となり、入退院を繰り返すようになった。そのせいかしだいにボケも入ってきた。

たまゑは仕事を抱えていたため、夫の十分な世話ができなかった。それで夫を鳥取に返すことにした。理由を説明すると子どもたちは納得し、「これまで大変世話になったので、最後は自分たちで面倒を見ます」と言ってくれた。

こうしてたまゑは再びひとりになってしまった。ここからひとり暮らしの生活が始まったが、それまで夫が担っていた神社や支部の仕事までこなさなくてはならなくなり、以前にも増して過重労働になった。たまゑは七十六歳になっていた。高齢のせいもあり、しだいに疲労が蓄積し、衰弱が激しくなっていった。

すべてが立ち行かなくなってきたため、どうしたものかと困っていると、ある女性の信者が、「何かいい仕事がないか探している」と言って、たまゑに相談にきた。そこで主に家事を手伝ってもらうことにした。これで少し楽になった。また三丹支部のお祭りのときは、古くからの信者だった市川に主人の代わりをしてもらうことにした。

鳥取に夫を返したあと、たまゑは誰にも相談せず、離婚の手続きをしてしまった。五月八日のことだった。

理由はよくわからないが、たまゑは人の世話にはなりたくない性分だったので、老後は義理の子どもたちの世話になりたくない、迷惑はかけたくないと考えたのだろう。また、夫が倒れたことで、砂澤家に対する自分の役割は終わったと判断したのかもしれない。

この年は長野で冬季オリンピックがあったが、戦後最悪の不況と言われた。

大惨事を身代わりとなって防ぐ

平成十一年（一九九九）、私は砂澤から一月、二月、三月にそれぞれ数日間、本の取材のために話を聞いた。三月になると、たまゑはかなり衰弱が目立つようになった。すべてをひとりで切り盛りしている影響が出てきたのだろう。

三月十九日、ある青年がたまゑを訪ねてきた。青年は昭和五十三年（一九七九）に滝行をしていたときやってきたおばあさんの孫だった。青年は父親と反りが合わず、精神的に不調をきたし苦しんでいた。勤めていたが、理由もないのによくムシャクシャし、人とうまくいかなかった。ちょっとしたことでイラつき、何事にも辛抱できなかった。

父親は青年が幼いころからほったらかしで、青年は主におばあさんに育てられてきた。経済的には困らない生活だったので、何不自由なく育った。身の回りのことはすべておばあさんがやってくれた。戦後、裕福な家庭に育った過保護な子どもによく見られたパターンで、神経質で内向的、自分では何もしない人だった。

たまゑは「あれこれ考えないで無になりなさい」と助言していたが、青年は首をかしげながら帰っていった。言われたことがよくわからなかったのだろう。

七月十九日、たまゑは御膳谷で重大な予言をした。

「二十四日に大変なことが起きるので、風呂に水を張り、水を汲み置きして家から出ないようにしろ」と言った。それを聞いた信者たちは何が起きるのかと邪推し、大騒ぎになった。

しかし、二十四日は何も起こらなかった。逆にたまゑは交通事故に遭い、重度のむち打ち症になってしまった。後日、砂澤は、「自分がある大惨事の犠牲になったので何も起こらなかったのだ」と言った。

それからむち打ち症の治療に専念する日々が始まり、たまゑは首の激痛や頭痛と目まいに苛まれた。

この苦闘は二年間続いた。この間も伏見稲荷には来ていたが、内記稲荷の社務所は閉めてしまい、思うような活動をすることはできなかった。神様は、「これも行だ、二年間我慢しろ」と言われた。

むち打ち症の治療のため、たまゑは医者ではなく整体に通うようになった。整体はものすごく痛くて、激痛が走ったが、たまゑは音を上げなかった。整体師は「こんな我慢強い人は初めてだ」と驚いた。だが困ったことに、症状は遅々として改善しなかった。しかも白内障と緑内障が悪化し、目がほとんど見えなくなってしまった。

むち打ち症の治療を続けている間も、たまゑはコルセットを着けて伏見稲荷に来ていた。この状態でお山や行もしていたのだから驚きだった。しかし御膳谷のお塚に参って祝詞を上げていても、ときどき眠り込んでしまい、祝詞が途切れてしまうことが起きるようになった。また参集殿で食事をしているときも、突然眠ってしまうことが起きた。その時、体が左右に揺れることがあり、何かを振り払う仕草をした。目が覚めたとき、「ある人の霊が来ていて、それを振り払っていたのだ」と言った。そうしながら、「生前勝手なことばかりしていて、まだ不足を言っているのか」と叱ることもあった。

その間に、ある若い女性がたまゑの自宅に転がり込んできて同居するようになった。嫁ぎ先を飛び出してきたという。女性は勤めており、朝出て行き夜帰ってきた。たまゑはひとり暮らしだったので、夜だけでもいてくれると助かったのだった。

目が悪くなったので、ひとり暮らしはさらに大変になっていた。物がなくなると探すのがひと苦労で、大騒ぎになった。最後は神さんに探してもらうのだが、それを見ていた女性は、「ここは漫画のお家だ」と面白がるようになった。

この年の九月、茨城県の東海村の核燃料加工会社で、日本初の臨界事故が起きた。この頃たまゑは、「海の中でクラゲが大きくなり大量発生している」と言った。その後、クラゲが原発の排水口に吸い込まれて、排水できなくなる事故が報じられるようになった。「クラゲの大型化は海の水温が上がったためだ」とたまゑは言った。

「9・11」同時多発テロと行の年季明け

平成十二年（二〇〇〇）が明けた。昨年の暮れからミレニアムといって新しい世紀の訪れがマスコミでは騒がれたが、実際に開けてみると、盛り上がりに欠け、冴えない幕開けとなった。元日、たまゑは伏見稲荷にいた。今日、伏見稲荷は毎年正月、初詣でたくさんの参拝客があるが、この頃は非常に少なく、元日も閑散としていた。たまゑは、「昔は押すな押すなの人出で、賽銭箱の代わりに樽がずらりと置かれており、その中が投げられた賽銭でいっぱいになっていた」と、今日の衰退ぶりを嘆いた。

当時、自民党の小渕内閣だったが、小渕氏が脳梗塞で死亡し、急遽森喜朗《もりよしろう》内閣となった。その過程で密室談合が行なわれたと批判が起き、森内閣は不人気を極めた。日本のパッとしない状況を象徴するかのような内閣だった。この年は多くの保険会社が倒産し、業界の再編につながった。

平成十三年（二〇〇一）は二十一世紀の始まりだった。春に小泉純一郎《こいずみじゅんいちろう》内閣が成立し、以後小泉政権が長く続くことになる。しかし失業率は五％に達し、デフレスパイラルで、景気は後退した。各種のリサイクル法が成立し、環境問題が意識された。

同年九月十一日、ニューヨークでハイジャックされた旅客機が高層ビル二棟に激突するテロ組織アル・カーイダによるビルの爆破事件が起きた。同時発生テロ、いわゆる「9・11」である。この時、たまゑは直前にテレビをつけた。するとドカーンという大きな爆発音が聞こえてきた。それは通常のテレビの音量をはるかに上回る大きな音だった。異常聴覚である。

この時、首の周りがスーっと軽くなった。これを境にむち打ち症は軽くなり、回復に向かった。しかしたまゑの頭は前に傾いたままで、二度と元には戻らなかった。

たまゑは行の年季が明けたと思った。七十四歳になってもまだ行は続いていたのだった。十月七日、アメリカは報復としてアフガニスタンを攻撃しはじめた。世界はまたきな臭くなっていった。

同年の秋、たまゑは伏見稲荷に参り、参集殿に逗留していた。この時、鳥取県米子市在住の信者の男性が参集殿に宿泊した。伊勢神宮に参拝した帰りだった。この信者は毎年お伊勢さんに参っていたが、なんと米子から伊勢までタクシーで行っていた。

伊勢神宮では毎年一〇〇万円を寄付していた。この年も寄付をすると、「もう充分寄付してもらったので、これからは他のところに寄付しろ」という声が聞こえた。それで伏見稲荷に立ち寄ったのだという。

男性は数十年前に、たまゑに薦められて米子市で放置された田畑をタダ同然の安さで買い、ネギをつくりはじめた。良質の肥料をたくさん使い、丁寧に育てたので、ネギは評判になり、よく売れるようになった。その結果、鳥取県の長者番付に名を連ねるほどの資産家になった。

この頃、たまゑは七番目のお塚を造ることを考えており、共同の設立者を探していた。久しぶりに男性に会ったたまゑは、その候補に男性を選んだ。そこですぐに話を持ちかけたが、男性は固辞した。理由は、男性は足が悪いので、お塚を造っても伏見稲荷まで来てお山には登れないからだった。確かに男性は足を引きずるようにして歩いていた。

十一月二十九日、たまゑは伏見稲荷でお山をした。お塚の前で、「これから天地がひっくり返る。これからは地震と火だ」と奇妙なことを言った。これは東日本大震災と福島の原発事故を予言していたようだ。

銅像建立を断り、七番目のお塚を造る

平成十四年（二〇〇二）一月一日、たまゑは伏見稲荷にいた。

二日、市川夫妻が参ってきた。参集殿の砂澤の部屋に夫妻が入ってきたとき、たまゑは奥さんに、「講員の宿泊用に取っていた向かいの部屋にいって休むように」と言った。奥さんはひどくしんどそうにしていた。翌日、市川は「家内が調子がよくないので連れて帰ります」と言って帰宅してしまった。

その数日後、奥さんは亡くなった。後日、砂澤は、「伏見稲荷で奥さんが部屋に入ってきたとき、〝お迎え〟が来ているのがわかったので、別の部屋で休ませたのだ」と言った。そして、「新仏を相手にするとものすごく疲れるので、遠ざけたのだ」と言った。砂澤は奥さんに「お迎え」が付いているのがわかったのだった。

奥さんは長年、喘息を患っていた。激しい発作に見舞われ、二、三度意識を失って死にかけたことがあった。一度は意識不明中に五色の幕が下りてきたのを見て生き返った。五色の幕は東寺で見かけるものだろう。砂澤は「あの人は何度か死にかけたが寸前のところで助かったのだ」と言った。

市川は酒好きで、以前からたまゑに酒をやめるよう忠告されていた。「さもなくば頭をやられて死ぬ」と言われていた。しかし市川は酒をやめることができなかった。挙句の果てに、「ビールは酒ではない」という屁理屈をこねて、ビールを飲み続けた。そのために、昨年、伏見稲荷の境内で神様に地面に叩きつけられ、ようやく禁酒を始めていた。

しかし、奥さんを失ったことで、その寂しさからまたも酒を飲みはじめてしまった。それに気づいたたまゑは再度禁酒を命じたが、市川はもうやめることができなかった。

市川は、たまゑの叱られ役だった。伏見稲荷でたまゑが信者を連れてお山をしているとき、見せしめで祠の前でよく叱られていた。子どものころ悪童がいたが、市川は悪童がそのまま大きくなったような人だった。

たまゑの夫が倒れて入院し、神社の仕事ができなくなったとき、たまゑは夫の代役として、市川を使った。支部のお祭りなどで主人が引き受けていた役割を、市川が担うようになっていた。

そのせいか、市川はたまゑに「自分と組んで神さんを祀らないか」と言うようになった。神社を乗っ取り、たまゑを利用して収入を得ようとしたのだろう。夫の代役なら自分でも務まると錯覚したのかもしれない。欲が出たのである。

それを聞いたたまゑは激怒した。電話で、「もう、お前なんか死んでしまえ」と言い放った。絶縁を宣告したのである。それまで神様の怖さを十二分に見てきた市川は、恐怖に駆られ、「怖いよ、助けてくれ」と叫んだ。

数日後、市川は自宅で死んでいるのが発見された。言葉は実現するようだ。

市川の死後、ある女性が内記稲荷でたまゑの手伝いをするようになった。市川の代役に雇われたのだろう。

平成十四年の秋、たまゑは御膳谷に七番目のお塚を造った。祭神は豊玉、豊川、末廣大神だった。

砂澤は、「伏見稲荷から御膳谷に銅像を建ててやると言われたが、それを断ってお塚を建ててもらった」と言った。銅像を造るにしても費用はたまゑが負担することになるので、せっかくお金を使うのならお塚を造ったほうがいいと判断したようだ。

七番目のお塚の祭神名を見ていると、奇妙なことに気が付いた。このうちの一神である豊玉大神は一九五番のお塚にも祀られているが、のちに述べるように七番目のお塚建立の翌年の平成十五年（二〇〇三）に、同じ名前の豊玉さんという神様がたまゑの自宅に「祀ってほしい」と言ってやってくるのである。

秋の行員大祭には上地が顔を出していた。この時、たまゑは「上地のところに行く」と言った。

この年、小泉首相は北朝鮮を訪問し、注目された。この時、日本人の拉致を確認し、のちに拉致被害者の一部が帰国した。この政治事件は日本中の注目の的となった。またサッカーのワールドカップが日本で開催され、サッカーは日本で認知度が高まった。この頃から景気は底入れとなり、上向きになっていく予兆が生まれた。

第十五章　転居

女子大生にとり憑いた男の霊

平成十五年（二〇〇三）の正月、たまゑは暮れから伏見稲荷の参集殿に滞在していた。いつものように、本殿に参拝し、お山をしていた。この年の初めは天候が不順で寒かった。

一月三日、ある人の紹介で、鳥取から若い女性を連れた母親がたまゑを訪ねてきた。若い女性がおかしくなってしまい、医者に見せても原因がわからないと言われ、母親は困りきってたまゑに相談にきたのだった。

女性は大学生だったが、部屋に籠もってパソコンばかり見るようになり、冷たいものしか食べなくなってしまった。そして生気が失われ、痩せ細ってしまった。

たまゑは奥社の先にある根上りの松という神蹟まで二人を連れて上がった。いつもならさらに先の御膳谷のお塚まで連れていくのだが、当日は雪混じりの風が横殴りに吹きつける悪天だったので、相談者の状態を考慮して近くの神様を選んだのだった。

根上がりの松で御祈禱を始めると、若い女性に住まいの近くの海の底に沈んでいる祀られていない男の霊が憑いているのがわかった。それで女性は冷たいものしか食べなくなっていたのだった。男の霊に女性はエネルギーを取られていたのである。生気を失っていたのはそのためだった。

根上がりの松（今は上部が切り取られている）

たまゑは男の霊を女性から離そうとした。除霊である。しかし男の霊はなかなか離れなかった。たまゑは説得し続けた。男の霊はなかなか言うことを聞かなかった。男の霊が離れるまで長い時間がかかった。霊が女性を離れると、女性の頰に赤みが差してきた。

雪混じりの風雨の中で、体は冷え切ってしまい、たまゑは疲労困憊した。参集殿に戻ると、全員で温かい飲み物を飲んだ。この時、初めて若い女性は暖かい飲み物を啜った。それを見て母親は驚き喜んだ。女性はたまゑに礼を言った。それは女性がたまゑに話した初めての瞬間だった。

女性はその後、徐々に生気を取り戻していった。しかし完全に回復するまでに半年を要した。砂澤は「正月から大変な行をさせられた、えらい目に遭った」と言った。そして、「部屋に籠もってパソコンばかりいじっているから、悪いものに憑かれてしまい、こんなことになってしまうのだ」と言った。

この出来事は当時の社会現象を映し出していた。当時、パソコンが一般に浸透しはじめて間がないころだった。多くの人がパソコンを買っていじり始めていた。ADSLをパソコンに接続し、インターネットを始める人も増えていた。人々はパソコンによって世界とつながるようになっていた。通信革命が起きていた。この女性のようにパソコンにかじりついている人が急増していたのである。

この事件は、今でいうとスマホということになるのだろうが、機械の画面を見続けることは害悪である。心身によくない影響を及ぼすことは確かである。

豊玉さんがやってきた

平成十五年の初め、たまゑのところに新しい神様がやってきた。豊玉《とよたま》という女性の神様で、「滋賀県の安土《あづち》からきた」と言った。祀ってくれる人がいなくなったので、砂澤を頼ってきたのだという。安土では「八人の子どもを育てた」と言った。この子どもは霊狐の子どもなのか、人間の子どもなのか不明である。

「豊玉さんはよくしゃべる元気な神様だ」と砂澤は言った。「口をパクパクさせてしゃべるのだ」というが、もちろんこれはたまゑにしか見えていないことだった。

困ったことに、豊玉さんに来られても、たまゑの自宅には祀ってあげられる社がなかった。ところがその社の購入費を、豊玉さんは自分で稼ぎ出してしまったのである。

この年、プロ野球の阪神タイガースは珍しく強かった。豊玉さんは五月ごろから「阪神優勝するぞ」と騒ぎはじめた。変な神様である。信者で阪神ファンの女性がいた。信者の女性は豊玉さんと阪神が優勝するか賭けをした。「阪神が優勝すれば十万円やる」と豊玉さんに約束したのである。その結果、阪神は優勝し、豊玉さんは十万円を手に入れた。

たまゑはそのお金で、豊玉さんが入る社（小宮）を買った。神様は自分の家（小宮）を自分で買ったのだった。

豊玉さんとたまゑはよく似ていた。女性の神様で、子どもを八人育て（たまゑは九人育てた）、よくしゃべるところなど、瓜二つである。自分の家を自力で買う点もよく似ていた。

さらに奇妙なことは、砂澤が稲荷山の御膳谷で入ると言っていた一九五番のお塚の神名が、豊玉なのである。つまり、砂澤のあの世での名前が豊玉だった。これは偶然の一致とは思えない。これはあの世からお迎えが来ていた前兆だったのではなかろうか。

この年の五月、サーズというウイルスが日本に入ってくるという噂が流れ、世の中が騒ぎはじめた。コロナほどではなかったが、かなりの騒ぎだった。

たまゑは五月五日、伏見稲荷で、「サーズはすでに日本に入ってきていて、三か所で患者を隔離させている」と言った。しかし、同月十五日のテレビの某ニュース番組では、「まだ日本には入ってきていない」と言っていた。たまゑの情報はかなり早かったことになる。

たまゑは、「ウイルスは飛行機で入ってきて、九州から広がっている、これは空気感染だ」と言い、また「エイズ菌の変化したものだ」とも言った。

結局、サーズはほとんど広がらずに終わった。たまゑはかなり詳細な情報を早くから神様から得ていたようだ。

夫の死と引退宣言

平成十五年、たまゑは、行の年季が明けたためか体調が少し良くなり、六月に目の手術に踏みきった。手術は成功し、少し目が見えるようになった。

休養を兼ねて入院を長引かせていると、主人の茂が他界したという知らせが入ってきた。入院を早めに切り上げて、フラフラの体で鳥取に向かった。茂は享年七十一歳だった。こうしてたまゑは完全にひとり暮らしになってしまった。

この年の十月、伏見稲荷で講員大祭があったとき、打ち上げから宿舎に引き上げてきたたまゑは、上機嫌で、「今日は坪原喜三郎宮司と私の引退記念日だ」と言った。これで公式の任務や仕事を降りるという意味だったようだ。その後もたまゑは伏見稲荷には来ていたが、表立った活動はしなくなった。

夫の死、引退宣言とともに、この年はたまゑにとって大きな転機となった。三十年務めた内記稲荷神社を離れなくてはならなくなったのである。

たまゑは、以前から、内記稲荷神社のそばの自宅の立ち退きを市から迫られていた。自宅の土地に道路が造られることになっており、それがいよいよ実行に移されることになったのである。自宅の隣近所の人々はすでに立ち退きを終えていた。

自宅は借地だった。ここに住むことになったとき、いずれ立ち退かなくてはならないことは知らされていたのだが、たまゑはそれを忘れていたのだった。しかも、移転先は決まっていなかったし、他人の世話にはなりたくないという思いが強かったので、なおさら立ち退くことができなかった。

市は困ってしまい、職員がたびたび説得に自宅を訪れるようになった。しかしたまゑは、「なんで移らんといかんのですか」と言って応じようとしなかった。

この頃、移転に関して奇妙なことが起きた。

ある朝、九十歳ぐらいの白髪の老人が現れて、たまゑに結婚を申し込んだのである。老人は杖を突いており、軍服を着ていた。傷痍《しょうい》軍人のようにも見えた。このことがあって、祀っていた豊川さんは怒って稲荷山に帰ってしまった。

この老人は霊姿だったのか、霊視だったのか、たまゑの夢に現れた像だったのか、その辺りのことは不明だが、その意味が明らかになったのは一週間後のことだった。

たまゑに、市内にある神社から、来てほしいという申し出があったのだ。老人はその神社の神様だったようだ。神社は市内からかなり遠いところにあった。ひとり暮らしの老婆には不便な場所なので断りを入れると、豊川さんが帰ってきた。

この年、たまゑは移転に備えて、内記稲荷の社務所で祀っていた神様を自宅に移した。自宅に神殿を造って祀るようになった。以後、相談者の御祈禱も支部の祭りも、自宅で行なうようになった。こうして奉賛会とは縁が切れてしまった。

神様の仕返し

この頃、移転の問題とともにたまゑの気にかかっていたことがあった。ひとつは平成十四年(二〇〇二)から内記稲荷神社を手伝ってもらっていた女性のことだった。

たまゑは夫が入院してから神社の仕事などで手が足りなくなり、お手伝いの人を頼み、市川にも手伝ってもらっていたが、市川が亡くなり、また立ちいかなくなっていた。高齢のため、体も動かなくなっており、物忘れもひどくなっていたので、以前のように生活自体がスムーズにこなせなくなっていた。社務所を閉じるなどして仕事を減らしていったが、それでも追いつかなかった。

そのために、市川の後釜として、ある女性に手伝いを頼んだ。女性は古くからの講員の娘で、伏見稲荷で教師の資格も取っていた。以前、たまゑが薦めて取らせたのだった。たまゑを手伝う資格は十分にあった。

たまゑは信者やその子どもに伏見稲荷で教師の資格を取らせていた。どのような意図があったのかはわからないが、自分の後継者をつくっておきたいという思いがあったのだろう。その数はかなりの数に上っていた。

ところがその女性が手伝いを始めると、予期せぬことが起こった。女性はたまゑの信者の横取りを始めたのである。女性は教師の資格を持っていたので、自分の信者ができれば、自分で教会や支部をつくることができる。そのために、たまゑの手伝いを始めたことを利用して、たまゑの信者を横取りしようとしたのである。ずいぶんと身勝手な話である。

この恩知らずの行為は、たまゑの逆鱗に触れた。それは神様にも通じたようで、それから神様の女性に対する嫌がらせが始まった。

地鎮祭やお祭で、お神酒の入った銚子が倒れるといった不祥事が頻発するようになった。これはもうやめろという神様の警告だったのだが、それでも女性は懲りず、やめようとしなかった。

そして平成十五年の晩秋、決定的な神様の仕返しが起きた。

女性の運転していた車に、見知らぬ人が運転していた車が衝突し、女性はむち打ち症になってしまったのだった。気が付くと相手の車はいなくなっていたという。

事故があったあとで、砂澤は、「車をぶつけられたのは神さんだ」と言った。そして、「次は車をひっくり返してやると言っておられる」と付け加えた。これが本当だとすれば、恐ろしい神様である。車をぶつけた相手は捕まっていない。

たまゑの怒りはそれだけでは収まらなかった。翌平成十六年（二〇〇四）の春、たまゑは伏見稲荷に女性の教師資格の停止を申し入れ、女性は資格を失ってしまった。たまゑは力があったので、伏見稲荷を動かすことができたのである。これで女性は手伝いを辞めざるを得なくなった。

たまゑはこのように、信者を取られそうになったり、教会を乗っ取られそうになったことが何度もあった。たまゑの特殊な能力を利用しようとする人はあとを絶たなかった。

この女性も手伝いを依頼されたことを、たまゑに取って代わるいい機会だと思ったようだ。こういった人たちは、たまゑのような能力がないのに、たまゑと同じことができると錯覚してしまうようだ。しかし、能力がないから、信者はすぐに逃げてしまうのである。

難航した後継者探し

平成十六年二月、鳥インフルエンザが流行し、各地の養鶏場で大量の鶏が死んだ。それを苦にした浅田農産という会社の経営者が自殺するという悲劇が起きた。この頃は食べ物に関するトラブルが多く、前年は狂牛病の騒ぎがあり、アメリカ産の牛肉の輸入が禁止された。牛丼は豚丼に変わった。たまゑは、「食べ物があっても食べられなくなる」と言った。この頃、たまゑはよくこういうことを言っていた。

同じ月、私は伏見稲荷にいたたまゑを訪ねた。たまゑが語ったことをまとめた原稿が本になることが決まり、出版社の社長をお連れして紹介したのだ。その時、たまゑは、「本の名前は〝霊能一代〟にすると神様が言っておられます」と言った。

本は七月に出版された。見本を自宅に届けると、たまゑは、「えらいことになった」と珍しく狼狽した。たまゑは本の一部を買い上げて信者たちに配り、また関係者に売ってくれた。本は参集殿でも受付に置かれていた。

この年も、たまゑの移転先は決まらなかった。たまゑは自宅から動こうとはしなかった。移転の問題とともにたまゑが気になっていた問題がもうひとつあった。それは神社と三丹支部の後継者が決まらないことだった。特に三丹支部は自分が苦労して築き上げた集まりだけに、行く末が気になって仕方がなかったようだ。

たまゑは以前から自分の跡を継いでくれる人を探していた。しかしいつも候補者に逃げられてしまい、決まらなかった。養子にしようとした人も何人かいたが、すべて断られてしまった。誰もたまゑのような能力を持っていないので、自分には務まらないと思って尻込みしてしまうのだった。

三人の子どもを育てるために鳥取に行ったのも、この中の一人を養子にして自分の跡を継がせるためだったが、これもうまくいかなかった。このことについては、鳥取に行く前に暗黙の約束があったようだ。

いずれもうまくいかなかったので、たまゑは、三丹支部は二人の信者に共同でやってもらうことを考えた。

しかしこの話も、たまゑの死後、うまくいかなかった。たまゑが上地のところに移ろうとしたのも、このような将来の目論見があったからだろう。

移転先が決まらない

平成十六年の秋、行員大祭の時期、たまゑは伏見稲荷に滞在していた。しかし表立った活動はしなくなっていた。移転の話は一向に進展せず、たまゑは自宅に籠もりがちになった。ある人が、「なぜすぐに移転しないのか」と尋ねると、「神様が何もおっしゃらないのだ」と答えた。

近所にいる信者たちは、たまゑの食事をつくって自宅に届けるようになった。しかし中には入れないので、家の外に食事を置いて帰った。それをたまゑは少しも食べなかった。食事はいつも手付かずで外に置かれたままだった。

たまゑはみるみる痩せてしまった。この時期、たまゑは死ぬ気でいたようだ。のちに「正気では人のところにはいけない」と言ったので、人の世話になることは、小学生のころから自力で生きてきたたまゑのプライドが許さなかったのである。

この年の十二月五日、尾下家を継いでいた三男の秀敏が亡くなった。このこともたまゑにはショックだっただろう。

たまゑが「内記稲荷を離れる」と言い出してから、たまゑに「自宅に来て住んでほしい」と、受け入れを表明した人が何人も出た。ある人は、「神さんが来てくれるなら嬉しい」と言った。神様争奪戦が始まっていた。

たまゑは数年前から「上地のところに行く」と言っていたが、老化のせいか物忘れがひどくなっており、そのことを忘れてしまい、ある信者のところへ行くと言い出したことがあった。その時、そのことを知った他の信者たちが反対し、大騒ぎになったことがあった。信者の世界もやっかみと嫉妬心の渦巻く世界だったのである。

この頃になると、たまゑは以前にも増して人の悪口を言うようになった。実際に言われて怒り出した人もいた。また人が物を盗ったともよく言うようになった。盗ってないのに盗ったと言われて、トラブルになったこともあった。これは老化によるアルツハイマーのせいだった。

たまゑはアルツハイマーの中期だったのである。

このような騒動の中で、平成十七年（二〇〇五）三月、たまゑは祀っていた神様だけ先に上地宅に移した。しかし、自分は自宅を離れようとしなかった。

平成十七年は小泉首相の郵政民営化問題で揺れた年だった。法案が否決されたため、衆議院を解散し、総選挙になった。選挙で自民党は大勝し、法案は成立した。日本はこの年、人口減少に転じ、招来の人口減が確実となった。

第十六章　最晩年

ついに内記稲荷を離れる

平成十七年（二〇〇五）三月、たまゑは御神璽だけ先に上地宅に移した。それでも、たまゑ自身は内記稲荷のそばを離れようとしなかった。このあと、御神璽を移したことを忘れてしまい、他の人のところへ移ろうとしたため、トラブルが何度か起きた。上地はたまゑの神様を祀るために新しく神殿を造ったので、たまゑが他の人のところに移ろうとしていることを知り、慌てて止めた。

上地は、少しずつたまゑの家財を自宅に移しはじめた。そのためにたまゑの自宅を訪ねると、「何しに来た」と言われて閉口した。健忘症がひどくなっていた。

このような紆余曲折を経て、同年十月、たまゑはついに上地宅に移った。

上地家に移ると、たまゑは一室をあてがわれ、また御神璽を祀るようになった。たまゑはこ

上地家の三丹支部の看板と
砂澤の神殿

こでも人の相談に乗るようになった。オダイの習性が抜けきっていなかったようだ。上地に全面的に世話にならず、少しでも稼がねばと思ったのかもしれない。

上地家は兵庫県と京都府の境に近い兵庫県の町にある。最寄り駅がJR山陰線のローカル駅で、鉄道を利用すると、そこから一時間ほど歩かねばならない。車を持っていない私には不便なところだが、今はほとんどの人が車を持っているので、不便ではない。

JRを利用してくる人は、特急の停車する駅で下車し、そこからタクシーを拾ってきていた。中には関東から来る人もいた。どのようにしてたまゑのことを知ったのかわからないが、なぜか連絡してくる人がいたのである。中には「『霊能一代』を読んだ」という人もいたそうだ。

ある時、ある病院の経営者が御祈禱に訪れた。病院の経営が苦しくなり、どうしたらいいのか相談に来たのだった。

たまゑは、一〇〇あった病床数を「五〇にしろ」と指示した。「病院の規模も人員も半分にしろ」と言った。経営者はかなり抵抗があったようだが、思いきって決断し、病院は立ち直った。

たまゑは八十三歳になっていた。当たらなくなったとはいえ、これらの例でも明らかなように、まだ霊能力は残っていたのである。

八番目のお塚を建立

上地家に移ってからも、たまゑは伏見稲荷にときどき行っていた。平成十八年（二〇〇六）四月、たまゑは御膳谷に八番目のお塚を建立した。

当時、たまゑはすでに引退していたのだが、それでもお塚を造ってしまうのだから、大変な執念である。たまゑは、「生涯で八つのお塚を造る」と常々言っていたが、本当にそれを実現してしまったのだ。

お塚を造るのは大変な費用がかかる。御膳谷の用地を確保することは誰にでもできることではない。たまゑのように伏見稲荷に多大な貢献をしてきた人物でなければ、許可されないからだ。

　お塚を造ると、最初に伏見稲荷の神職の方々なども招待して、盛大なお祭りが行なわれる。さらに直会が持たれるが、これらの費用も相当な額になるという。このお祭りを見た人は、「ものすごく盛大だった」と言っていた。

　八番目のお塚は二〇一番のお塚で、御膳谷の最奥にある。祀られている神様は、豊受、豊川、弘法大師、成田不動尊で、たまゑが内記稲荷で祀っていた神様と尊敬していた空海、それに山岳修験の神様であるお不動さんである。いずれもたまゑに最も縁の深かった神仏ばかりだ。御膳谷では弘法大師はお稲荷さんなのである。

　この中で、成田不動尊は唐突な印象を受ける。ただの不動尊ならわかるが、「成田」は余計な感じがする。これはこのお塚を共同で建てたある信者の女性が祀っている神様だった。

　この女性とたまゑは一緒に成田不動尊に参ったことがあった。その時、たまゑは門をくぐると、本堂へ向かう

八番目のお塚の前に立つ砂澤

参道を歩かず、何も言われないのに脇の道を歩き出した。

たまゑはここを訪れたのは初めてだったが、誰にも教えられないのに、勝手にひとりで歩き出したので、そのあとを女性がついて行くと、出世《しゅっせ》稲荷の祀られている社に着いた。成田不動尊で祀られている稲荷の場所が、たまゑはなぜかわかったのである。

たまゑは上地家に移ってから、車で途中まで運び上げてもらって、御膳谷に行っていた。八十歳半ばまでお山をしていたことになり、私が会っていたころに、「歩けなくなったら車で運んでもらってでも行く」と言っていたが、それを実行していたのである。

平成十八年、景気は良かったが、政治は不安定だった。翌年、自民党の安倍晋三内閣が選挙で大敗し、ねじれ国会となった。福田康夫《ふくだやすお》内閣となり、さらに平成二十年（二〇〇八）、麻生太郎《あそうたろう》内閣となったが、平成二十一年（二〇〇九）、またも選挙で負け、ついに政権交代が起き、民主党政権が実現した。

老齢によるトラブルが続出

上地家に移ってからもたまゑは神様を祀り、御祈禱を受け付けていた。しかし、老化などの影響で、さまざまなトラブルを起こすようになった。

例えば、電話で御祈禱の予約を受けても、すぐに日時を忘れてしまうようになった。そのために、相談者が約束の時間にやってくると、「約束をしていない」と言ったり、不在にしていることがあり、やってきた人が怒り出すなどさまざまなトラブルが発生した。以前のように御祈禱をすることは無理になっていたのだ。しかし、たまゑにその自覚はなく、上地は苦情を言われて困った。

たまゑはまだ霊能力が働き、霊能体質が残っていたので、ときどき奇怪な行動を見せることがあった。

ある時、着替えの最中に突然外に飛び出し、ものすごい勢いで走り出した。上地は走って追いかけることができなかったので、車を出して追いかけて捕まえ、車に乗せて帰った。たまゑは憑霊体質なので、さまざまな霊が寄ってきやすく、憑かれやすかった。元気なときはそれが簡単に切れたのだが、この頃は弱っていたのでそれができなくなっていたのだった。

またある時は、突然「大きな魔が来る、近寄るな、中に入れるな」と叫び出し、玄関まで走り出して倒れてしまった。体は硬直しており、意識はしばらく回復しなかった。意識が回復したとき、力尽きた表情で、「中に入れなかった」とつぶやいた。私たちには見えないものと闘っていたのだろうか。

介護施設に入る

こうしたトラブルの多い日常の中で、上地はついに手に負えなくなり、たまゑを介護施設に通わせることにした。

たまゑは、ある施設のデイサービスに行っていたとき、体操していると足の骨が折れてしまった。上地はたまゑを病院に連れていき手術を受けさせて、一か月半ほど入院させた。

たまゑは病院を退院し、また施設に通うようになった。ここで、暇を持て余してベッドで飛びはねていると、ベッドから落ちて着地に失敗し、反対側の足を骨折した。

また病院に入り、退院すると別の施設に入れられた。ここは費用が高く、上地が困っていると、一か月ほどで他の施設に空きが出て入ることができた。ここは空きを待っている入居希望者が三十八人いたので、上地は長い間待たねば入れないと諦めていたが、たまゑの神様に祈って「どうにかしてほしい」と頼んでいると、三十八人のうち三十六人を飛び越して、さほど待たずに入ることができた。たまゑの神様は「よく働かれる」と上地は感心した。

たまゑは上地家に移ってから二年間ほどは神様を祀っていたが、その後は施設暮らしが多くなった。施設に入るとき、たまゑは「今年でだめかもしれない」と言った。

上地がたまゑに、「先生の神様はどうされますか」と聞くと、たまゑは「伏見さんに返してほしい」と言った。上地は「それなら自分に祀らせてほしい」と申し出た。たまゑは、「お前が祀ってくれるならそれでいい」と言った。たまゑが祀っていた神様は、上地家で祀られている。

たまゑは施設に入っても、相変わらず元気でよくしゃべった。ここでもまだ相談にたまゑを訪ねてくる人がいた。たまゑは、施設の職員を捕まえては、「見てあげる」と言って、ああしなさい、こうしなさいと指示を出していた。

最後までオダイの習性が抜けなかったようだ。そのために施設では若い職員に人気があった。

永遠の訪れ

たまゑは施設に二年間ほどいた。

平成二十一年（二〇〇九）の夏に体調を崩し、八月十一日に上地が入院させると、胆嚢《たんのう》がんが見つかった。かなり進行しており、手遅れだった。上地はたまゑには何も言わず、そのままにしておいた。見守っていると、九月十一日にたまゑの容態が急変した。

上地が駆けつけると、かろうじてたまゑは息をしていたが、上地が看護婦と話をして帰ろうとすると、もう息をしていなかった。最後に看取ったのは上地だった。

いつだったかは不明だが、たまゑは「神様が言われることがわからなくなった」とつぶやいた。「神様が言われることを、どう伝えていいのかわからなくなってしまった」というのだ。

これが霊能者、砂澤たまゑの最後だった。

話は前後するが、平成二十一年三月四日、たまゑが敬慕していた伏見稲荷の宮司様・坪原喜三郎が亡くなった。八十七歳だった。たまゑは落胆したことだろう。そして、そのあとを追うかのように、たまゑも同年の九月に亡くなった。

たまゑの葬儀は、九月十四日に、生まれ故郷の兵庫県朝来市和田山町の葬儀会館で行なわれた。たくさんの信者が参列した。

若いころ、何度も死のうとして死ぬことができなかったたまゑは、皮肉なことに八十七歳まで長寿を全《まっと》うしてしまった。これほど長生きしようとは、思ってもみなかったことだろう。「人生は思うようにはいかないものだ」と、あの世で苦笑しているかもしれない。

砂澤の墓は、鳥取市の長通寺にある。

砂澤が建立した観音堂の中の観音像の背後に、戒名が書かれた墓石が立っている。観音堂は砂澤の墓を兼ねているのである。戒名は「神照院玉蓮慈香大姉」である。

神様に助けられ、玉のような丸い心で慈悲に生きた砂澤にふさわしい戒名ではなかろうか。

伏見稲荷の節分祭

あとがき

本書を書き終えて、改めて砂澤の特異な能力と、何ものにも負けない強靱な精神力と忍耐強さに感心した。

砂澤は小学校の五年生のとき、実家を出て他家に住み込み、その時から、他家と異郷を転々とし、自分の生活費はすべて自力で稼ぎ、さらに多くの子どもたちを養い育てた。結婚しても夫からいっさい生活費を受け取らないで子どもやその家族を養ったというから大したものである。今の子どもにはちょっと真似はできないだろう。

私は最初、霊能力に興味があったのだが、しだいにその奇妙な人生に関心を抱くようになった。

砂澤の姿を通じて、変わりゆく激動の時代「昭和」の世相を少しでも示すことができればと思っていたが、それは私の力量不足で達成できなかった。

本書はあくまでも私が再現した砂澤像であり、他の関係者はまた違う像を抱いておられるだろう。そのことを最後にお断りして筆を置くことにする。

なお、本書の刊行に当たり、二見書房編集部の小塩隆之氏に御尽力を賜りました。末尾ながら感謝いたします。

内藤憲吾

内藤憲吾（ないとう・けんご）
1951年、兵庫県生まれ。京都大学文学部卒。出版社勤務を経て、翻訳著述業。主な翻訳書に「名画の読み方」シリーズ（創元社）、主な著書に『お稲荷さんと霊能者』（河出文庫）などがある。

校正／青山典裕
カバー装画撮影／Takashi Hososhima
ブックデザイン・DTP／長久雅行

奇跡のオダイ
霊能一代 砂澤たまゑの生涯

2025年1月10日 初版発行

著　者　内藤憲吾
発行所　株式会社 二見書房
〒101-8405
東京都千代田区神田三崎町2-18-11
電話 03（3515）2311［営業］
03（3515）2313［編集］
振替 00170-4-2639
印　刷　株式会社 堀内印刷所
製　本　株式会社 村上製本所

落丁・乱丁本はお取替えいたします。
定価は、カバーに表示してあります。

ISBN978-4-576-24123-4
https://www.futami.co.jp